汇率制度选择对中国货币政策独立性的影响研究

A Study on Independence of China's Monetary Policy：
Under Different Exchange Rate Regimes

解祥优　著

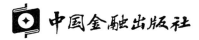

中国金融出版社

责任编辑：明淑娜
责任校对：潘　洁
责任印制：陈晓川

图书在版编目（CIP）数据

汇率制度选择对中国货币政策独立性的影响研究/解祥优著．—北京：中国金融出版社，2020.10
ISBN 978 - 7 - 5220 - 0779 - 3

Ⅰ．①汇…　Ⅱ．①解…　Ⅲ．①汇率—货币制度—影响—汇率政策—研究—中国　Ⅳ．①F820.2②F832.0

中国版本图书馆 CIP 数据核字（2020）第 159771 号

汇率制度选择对中国货币政策独立性的影响研究
HUILV ZHIDU XUANZE DUI ZHONGGUO HUOBI ZHENGCE DULIXING DE
YINGXIANG YANJIU
出版
发行　中国金融出版社
社址　北京市丰台区益泽路 2 号
市场开发部　（010）66024766，63805472，63439533（传真）
网上书店　http://www.chinafph.com
　　　　　　（010）66024766，63372837（传真）
读者服务部　（010）66070833，62568380
邮编　100071
经销　新华书店
印刷　北京市松源印刷有限公司
尺寸　169 毫米 ×239 毫米
印张　12.75
字数　180 千
版次　2020 年 10 月第 1 版
印次　2020 年 10 月第 1 次印刷
定价　40.00 元
ISBN 978 - 7 - 5220 - 0779 - 3
如出现印装错误本社负责调换　联系电话（010）63263947

序

    亚洲金融危机后的大讨论和对中国未来最优货币政策框架的探寻中，
我曾经比较充分地阐述了盯住美元制的成本和收益，把人民币汇率制度
选择放在开放宏观经济政策框架下讨论。当时在这方面的研究，除了不
可能三角假说，即不一致的"三重奏"外，还有研究者提出了不一致的
"四重奏"，即在自由贸易、自由资本流动、独立货币政策和固定汇率制
度面临的选择困难。在这四个政策选择中，只有三种可能同时存在，美
国和日本选择了自由贸易、自由资本流动和独立的货币政策；中国选择
了独立的货币政策、自由贸易、盯住美元制和资本管制；而泰国选择了
独立货币政策、盯住美元制、资本自由流动和自由贸易，这种组合一定
是不和谐的、不可持续的，亚洲金融危机证明了这样选择的风险。亚洲
金融危机之后，麦金农教授的研究表明，泰国等受危机冲击的国家又回
到了盯住美元制。我得出的结论是，中国是大国，必须保持货币政策的
独立性，盯住美元制的成本高昂，为了减少资本账户开放的风险，必须
要让汇率浮动先行，提出了先实行货币篮汇率制，发挥篮子的"缩小器"
作用，减少美元对主要货币波动带来的风险。实际上，中国在改革开放
的过程中，如何保持货币政策的独立性远远比不可能三角假说阐述的要
复杂。2001 年以后，中国经济出现了高速的增长，学术界对货币政策独
立性和资本账户开放研究的热情似乎没有那么高涨。但是，中国经济的
崛起引起了世界的关注，中国已经成为全球经济中的系统重要性国家。
2008 年国际金融危机的爆发以及美国采取的数量宽松货币政策（QE），
使中国面临前所未有的冲击，保证经济稳定和金融稳定成为国民经济的
要务，研究 QE 及其外部效应，如果保持中国货币政策独立自然成为我研
究的关注点。我的研究生也陆续研究 QE 的运行机制及其对新兴市场国家
的影响。

2012 年，解祥优成为我的硕士研究生。得知他的本科学习背景后，我的内心有一丝忐忑，把一个学习印刷工程的工科男生培养出来，实在充满挑战。出乎我意料的是，这个笑眯眯的男生对经济学充满了兴趣。第二学年初，他竟然提出要申请硕博连读。这一请求让我惊讶不已，我和他进行了严肃的长谈，指出了未来道路的多样性，望他慎重考虑。几天后，他还是笑眯眯地来找我，表示决心已定。我开始正式接纳这个勇敢的非经济学专业背景的男生，为他制订了详细的读书计划。他非常勤奋，很快撰写了一篇小文章来阐明货币消失之谜。他借用摩擦力来表示货币供给的增加为何没有带来通货膨胀。我一遍一遍听他陈述物理学和经济学"结合"的报告，我再用经济学术语进行分析，直到他明白和认可。这次论文打磨的经历，不仅让我感受到学科之间逻辑的相通性，也了解到解祥优对经济学的热爱和悟性。在之后的岁月里，围绕着汇率制度选择、美国货币政策的运行机制和影响、货币国际化、亚洲货币与金融合作，我们进行了多项合作研究。

解祥优的毕业论文"汇率制度选择对中国货币政策独立性的影响研究"是非常有挑战的。学术界对货币政策独立性的讨论仍然是在不可能三角假说框架下，这个假说尚无数理证明。多年来，大家都在应用这个框架，可见超越这个假说是不能触摸的"荒地"。只要人民币浮动，中国货币政策独立性就会增加，这似乎已经成为共识。面对汹涌的 QE 和"8·11"汇率形成机制改革之后的中国资本流动，中国宏观经济政策该何去何从呢？解祥优用了 4 年多的时间，在已经成熟的土地上再次开始拓荒。他创造了新的"四重奏"框架，即一国在开放经济环境下面临国际收支失衡、汇率制度、资本账户开放和货币政策独立性的"四重奏"。当一国存在结构性国际收支失衡，选择固定汇率制和中间汇率制时，数量型货币政策缺乏独立性，汇率制度弹性增加不一定会增强数量型货币政策的独立性；而在浮动汇率制下，数量型货币政策具有独立性。利率政策的独立性不仅取决于汇率制度类型，还取决于美国利率的变动趋势和本国国际收支失衡的状态。在实证分析中，他把中国货币政策的独立性分为数量型货币政策的独立性和价格型（利率）货币政策的独立性，验证了汇率制度弹性增加不一定会增强中国利率政策和数量型货币政策的独立性。只有当汇率制度改革带来更和谐的"四重奏"时，汇率制度弹性增加才能增强货币政策的独立性。人民币汇率制度对中国货币政策独立性的影响效果会显著受到美国货币政策变动方向、中国国际收支状态和外汇冲销政策有效性的影响。2008 年国际金融危机期间，发达经济体货币政策对中国货币政策的外溢性更强。美国货币政策和全球货币政策因子对中国价格因子的影响显著，对中国产出因子和金融市场的影响不显著。这些发现超出我固有的思维逻辑和认知。中国能独善其身谈何容易，我们必须密切关注发达国家的货币政策走向和中国国际收支状态。美国货币政策是我们不能控制的变量，中国国际收支状态正在发生结构性的变化，"双顺差"已经不是常态。特别是他得出的另一结论"美国出现经济或金融危机并蔓延至全球时，无论中国央行实施哪种汇率制度，美国量化宽松货币政策都会对中国货币政策造成显著影响"。这令我不安不解。但是他的研究证明了，人民币汇率制度弹性化有助于中国实现国际收支平衡，减小央行干预外汇市场的力度，增强货币政策的独立性。随着中国的对外贸易结构和吸引外资政策的变化，国际收支失衡对汇率波动的敏感系数会逐渐增加，浮动汇率制度有助于让中国国际收支达到基本平衡的状态。此外，他提出了增加人民币汇率弹性的具体时机，避免在"不好"的时机启动人民币汇率形成机制改革。他肯定了已有研究对人民币汇率弹性化应走在资本账户化前面的判断，探寻了提高金融服务水平，加强外汇市场建设对克服浮动恐惧和减少资本外逃的必要性。对于很多学者认为虚幻的货币合作，他提出了遵循集体行动逻辑的必要性。

当前，我们遇到了超级的全球化，迅速蔓延的新冠肺炎疫情使复苏缓慢的世界经济雪上加霜，中美经贸关系的恶化，美联储重启数量宽松货币政策使中国经济增长中存在的"不稳定、不平衡、不协调、不可持续"结构性问题更加突出。中国货币政策会不会追随美联储走向非常规？中国是不是要走华盛顿共识的道路？当前中国的实践证明了，中国仍然有很大的政策空间实现数量型货币政策的独立和利率政策的独立，实现较稳定的增长。正如人民银行行长易纲提出的，中国会坚守正常的货币政策，能做到这样的经济体将成为全球经济的亮点和市场所羡慕的地方，看来解祥优提出的"四重奏"值得仔细考虑，中国故事需要变成中国智慧。孙中山先生说，"理愈明而用愈广"，研究者的笔墨真的可以成为实践的指引，至少说明知识有用；如果能够兴邦济民，那正是研究者的心愿。

解祥优在学术的道路上已经起步，我特别期待他继续走学术之路，初心不改。很遗憾，他没有到高校和研究机构工作，而是选择了去金融部门。朱光潜先生曾经提过，眼巴巴地培养出了几个年轻人，可是他们又没有继续坚持走理想之路，现实中折断了理想的翅膀，我何尝不是这样叹息呢！但是解祥优在农业银行两年的工作实践，并没有荒废学术，在基层，在轮岗的过程中，他接触了中国经济的底脉，丰富了他的头脑，把象牙塔里的纯粹知识和中国经济的现实联系起来，知行合一，脚踏实地地做学问，未尝不好，想到此处，心里略安。

今日再拾起旧卷，再次圈点，深感时光流逝，两年前的作品终于有机会面世，心里有阵阵欣喜，忘了疫情隔离的孤苦寂寞。给弟子的书写序，这是第一次，希望这不是唯一的一次。

李婧

2020 年 6 月 26 日
于北京丰台新发地

摘　要

货币政策保持独立性是中央银行（以下简称央行）灵活地使用宏观经济调控手段实现国内经济目标的有效保障。当一国经济周期和中心国家经济周期不一致时，货币政策缺乏独立性会削弱央行宏观调控能力。当前世界经济正处于结构调整时期，深入探索人民币汇率制度选择对中国货币政策独立性的影响，对中国选择合适的汇率制度和增强央行宏观经济调控能力有重要现实意义。

中国采用多种货币政策工具，同时中国存在结构性国际收支失衡。蒙代尔—弗莱明模型、不可能三角假说和两难选择难以解释人民币汇率制度和中国货币政策独立性的关系。本书认为在分析中国货币政策独立性时应区分利率政策独立性和数量型货币政策独立性，并考虑中国国际收支失衡对货币政策的影响。这样能够更充分地阐释汇率制度选择对中国货币政策独立性的影响。

在蒙代尔—弗莱明模型和不可能三角假说理论基础上，本书构建理论分析框架，探索不同汇率制度下，美国货币政策变动和中国国际收支失衡对中国利率政策和数量型货币政策的影响。理论分析表明，当一国存在结构性国际收支失衡，选择固定汇率制和中间汇率制，数量型货币政策缺乏独立性，汇率制度弹性增加不一定会增强数量型货币政策的独立性；浮动汇率制下，数量型货币政策具有独立性。利率政策的独立性不仅取决于汇率制度类型，还取决于美国利率的变动趋势和本国国际收支失衡的状态。国际收支失衡、汇率制度、资本账户开放和货币政策独立性表现为"四重奏"特征，超越了"不可能三角假说"的推断。

本书建立计量模型探究汇率制度选择对中国货币政策独立性的影响。实证分析得出四个结论。一是结构突变点检验结合新外部货币锚模型的实证结果表明，1999—2017 年，人民币汇率制度出现过五次变迁，朝着弹性化的方向发展并表现出"去美元化"特征。二是向量自回归模型和因子增广型向量自回归模型的实证结果表明，中国货币政策能够保持一定的独立性，中国呈现出较为和谐的"四重奏"特征。利率政策和数量型货币政策都只在一定程度上受到影响。国外货币政策是影响利率政策因子的主要因素，而外汇储备变化对数量型货币政策影响较大。三是时变参数向量自回归模型的实证结果表明，汇率制度弹性增加不一定会增强中国利率政策和数量型货币政策的独立性。仅当汇率制度改革会带来更加和谐的"四重奏"时，汇率制度弹性增加会增强货币政策独立性。人民币汇率制度对中国货币政策独立性的影响效果会显著受到美国货币政策变动方向、中国国际收支状态和外汇冲销政策有效性的影响。国际金融危机期间，发达经济体货币政策对中国货币政策的外溢性更强。四是美国货币政策和全球货币政策因子对中国价格因子的影响显著，对中国产出因子和金融市场的影响不显著。

日本和泰国的汇率制度改革经验表明，在汇率制度改革进程中，灵活使用资本管制工具可减轻外汇市场干预压力，增强货币政策独立性。汇率制度改革时机选择不当容易引发金融风险并降低货币政策独立性。货币政策缺乏独立性会进一步给国内经济带来负面影响。

中国国际收支正在发生结构性变化，不再长期保持"双顺差"。同时，随着世界经济金融全球化程度深化，中国对外开放程度的提高，跨境资本流动的规模将继续扩大，资本管制的难度会逐渐增大。中国是大国经济，央行必须保持较强的宏观调控能力。因此，需要创造条件，选择合适的时机提高人民币汇率市场化水平，促进国际收支平衡，保持和谐的"四重奏"，增强货币政策独立性。

目　　录

图表清单

第1章 绪 论

1.1 研究背景及意义

1.1.1 研究背景和问题提出

货币政策拥有独立性对于经济大国至关重要。货币政策拥有独立性意味着货币政策能够根据国内经济形势的需要来制定，不受外部经济因素影响。货币政策不独立意味着国内货币政策不能完全依据国内经济形势来实施，而是会受到外部经济因素的影响，从而无法灵活使用适合本国经济形势的货币政策。当一国经济周期和中心国家的经济周期不一致时，该国货币政策缺乏独立性会使本国货币政策被动受到中心国家货币政策的影响，实施和本国经济形势不相符的货币政策，从而会削弱央行宏观调控的能力，给国内宏观经济带来负面影响。2015 年，为调整经济结构，使要素实现最优配置，提升经济增长的质量和数量，我国提出推进供给侧结构性改革。2019 年，根据新时代新特征，我国提出金融供给侧结构性改革，金融供给侧要求服务实体经济、优化金融结构、管理金融风险等。在供给侧改革背景下，我国货币政策不仅要发挥总量政策的效用，同时要积极发挥引导结构调整优化的作用，保证货币政策的有效性和精准性。中国是一个经济大国，中国货币政策主要应该考虑国内经济形势，而不应过度基于外部经济和跨境资本流动来制定本国的经济政策（周小川，2016）[132]。

汇率制度选择和货币政策独立性有着密切的联系。开放经济条件下，关于汇率制度和货币政策独立性主要理论基础是不可能三角（The impossible trinity）假说。不可能三角假说认为固定汇率制、资本账户流动和独立的货币政策不可兼得，一国最多只能实现三者中的两个目标。在资本账户开放条件下，一国应当选择灵活的汇率制度以保证货币政策独立性。发达经济体拥有成熟的资本市场，选择自由浮动的汇率制度，央行对货币政策的调控有较强的自主性与独立性。发展中国家和欠发达国家大多采用固定汇率制或中间汇率制，货币政策容易受到强经济体货币政策的影响。

长期以来，学术界主要从不可能三角假说来探讨汇率制度与货币政策独立性的关系，但是 2008 年以后，"两难选择"成为学术界关注的热点。两难选择指在金融全球化背景下，无论汇率制度是否浮动，只要资本自由流动，一国的货币政策将不具有独立性，资本自由流动和独立的货币政策两者之间存在冲突（Rey，2015）[62]。一国仅在资本账户存在管制时才有可能保证货币政策的独立性，而更为灵活的汇率制度无法保证货币政策的独立性。

研究者对汇率制度和货币政策独立性的关系进行了实证研究。有研究者认为浮动汇率制下货币政策有较强的独立性（Aizenman et al.，2010；Giovanni & Shambaugh，2008；Klein & Shambaugh，2013）[1,37,44]；也有研究者指出浮动汇率制国家同样缺乏货币政策独立性（Edwards，2015；Rey，2015）[24,62]。可见，学界对汇率制度选择对货币政策独立性的影响尚未达成一致结论，不同汇率制度下货币政策的独立性值得进一步深入研究。

汇率制度选择指一国货币当局根据既定的政策目标，在本国特定时期面临的经济、政治环境约束下，选择某种汇率制度以最优化其政策目标。自 1973 年牙买加体系建立以来，一国汇率制度的选择由各国自由决定，决策者可以根据本国的经济情况自由选择固定汇率制、中间汇率制或浮动汇率制。

新中国成立以来，中国经历过各种各样的汇率制度。20 世纪 90 年代以来，中国多次调整汇率制度安排以适应新形势下的中国经济发展。1994 年人民币汇率制度并轨，实行单一的以市场供求为基础的有管理的浮动汇率制。1997 年，亚洲金融危机爆发，大部分东亚经济体的货币相继贬值，为避免区域性的竞争性贬值，维护区域经济金融稳定，中国担当起大国责任，保持人民币兑美元汇率不变，为亚洲经济复苏作出突出贡献。此后，很长一段时间里，中国实行单一盯住美元汇率制。2001 年，中国加入世界贸易组织以后，国际贸易量迅速上升，经济实现快速增长。与此同时，美国和日本国内经济不景气。美国和日本开始指责中国央行操纵汇率，国际贸易存在不公平竞争，施加人民币升值压力。在此背景下，中国政府和学界对人民币汇率形成机制进行了大量讨论。2005 年 7 月 21 日，中国央行宣布实行人民币汇率制度改革，实行参考一篮子货币的有管理的浮动汇率制，人民币进入升值阶段。2008 年 9 月，国际金融危机爆发后，人民币再次盯住美元。2010 年 6 月，中国央行再次启动汇率制度改革的进程。2015 年 8 月，中国央行改革人民币兑美元汇率中间价报价机制，特定的做市商参考前一日银行间外汇市场收盘汇率，向外汇交易中心提供中间价报价，人民币汇率决定更加市场化。由此可见，过去二十年，市场化是汇率制度改革的目标。

实际上，一国事实上采取的汇率制度往往与官方宣布的名义汇率制度不一致。一国宣称自己实行的是浮动汇率制，但它事实上可能采取的是有管理的浮动汇率制。Calvo 和 Reinhart（2002）指出，宣称实行自由浮动汇率制度、名义上宣称实行管理浮动和有限弹性汇率制度的经济体，月度的名义汇率变化不超过 ±2.5% 这一狭窄区间的概率分别在 79%、88% 和 92% 以上[14]。由于汇率制度具有非透明性，那么研究者就不能通过官方公布的汇率制度判断真实的汇率制度变化，这给识别一国汇率制度类型和理解一国宏观经济政策带来困难。

从中国人民银行公布的人民币汇率制度来看，长久以来中国实行的是缺乏弹性的中间汇率制度。1998 年以来，人民币汇率制度缺乏弹性，盯住美元，并持续保持国际收支顺差。固定汇率制下，存在国际收支顺差时，央行需要在外汇市场上买进外汇，投放本币，顺差规模越大，央行投放的基础货币就越多。这使中国基础货币供给内生化，严重影响了中国货币政策的操作空间。央行可以实行冲销政策来维持货币供应量不变，但是冲销的成本是高昂的，冲销的效果也是有限的。国际收支失衡影响了中国货币政策的独立性。

根据不可能三角假说，盯住美元汇率制和在有管理的浮动汇率制下、存在国际资本流动时，中国货币政策独立性会受到强经济体货币政策的影响。美国作为世界第一大经济体，并且美元是最重要的国际货币。同时，美国是中国第二大贸易伙伴国，仅次于欧盟，中美双边经济、货币和金融联系密切。美国货币政策最可能对中国经济造成显著影响。综观美国货币政策的变化，美国货币政策是内向型的，主要是为本国经济目标服务。2001 年 5 月至 2004 年 6 月，为应对网络经济泡沫破灭对实体经济的冲击以及"9·11"恐怖袭击的影响，美联储连续 13 次调低联邦基金利率，将其从 6% 调至美国 19 世纪 70 年代以来的历史最低点 1%，以促进经济尽快恢复增长。2004 年 6 月以来，美联储连续加息 17 次，将联邦基金利率从 1% 推高至 5.25%，引爆美国房地产泡沫，进而引发美国国内发生次贷危机。2001—2006 年，中国经济一直保持高速增长，货币政策一直保持稳健的状态，1 年期的基准利率仅调整过四次。中国在 2001—2004 年，下调过两次利率，2004—2006 年上调过两次利率。从利率政策调整的时点来看，中美两国利率政策具有一定的同步性，中国货币政策受到美国货币政策的影响；从利率政策调整的次数来看，中国的货币政策保有较高的独立性。

美国次贷危机爆发后，美国联邦基准利率由 2006 年 6 月的 5.25% 迅速降至 2008 年 12 月的 0 ~ 0.25%。随后，美国名义利率长期保持在零利率状态并且美联储的资产负债表持续扩张。这段时期内，全球货币环境宽松，中国面临大规模资本流入压力，国内资产价格上涨，并有较大通货膨胀压力。中国央行应实行偏紧的货币政策以防范通货膨胀和资产泡沫，但是，外部环境的宽松使中国不能调高利率，否则将会面临更大规模的资本流入。2015—2018 年，随着美国国内经济复苏，美联储连续九次上调联邦基金利率，每次上调 25 个基点，截至 2018 年底联邦基金利率水平保持在 2.25% ~ 2.5%。2017 年下半年，为防止资产泡沫，并使宽松货币政策软着陆，欧洲央行、英国央行和加拿大央行也开始实施紧缩性货币政策。这意味着主要发达经济体的货币政策可能同时走向紧缩性状态。同时期，中国等新兴市场经济体面临资本流入减少甚至是资本外逃，国内经济增长速度平缓，需要较为宽松的货币政策环境以促进经济增长。但是，由于美联储等发达经济体的加息政策，中国货币政策受到制约。2016 年底，中国经济增速下滑，市场上普遍存在人民币贬值预期。中国央行本应该降低利率或降低准备金率以支持经济发展，但是考虑到降息降准会增加人民币贬值压力，中国央行无法实施扩张性货币政策。国内货币政策受到美国货币政策的制约意味着中国货币政策并非完全独立。

理解人民币汇率制度和中国货币政策独立性的关系不能直接套用蒙代尔—弗莱明模型、不可能三角假说或两难选择。1998—2018 年，从中国人民银行官方公布的人民币汇率制度改革来看，2015 年 8 月以后，人民币汇率制度弹性有明显提升。然而，从中国货币政策的实践来看，2015—2018 年，中国货币政策受到外部经济因素的影响似乎更大。2001—2015 年，虽然中国利率政策在一定程度上受到美国货币政策的影响，但是中国利率政策并没有表现出和美国利率保持很强的同步性，中国在一定程度上拥有货币政策独立性。此外，中国长期存在国际收支失衡，在汇率制度缺乏弹性的情况下，国际收支失衡对中国货币供应产生了较大的影响。因而，简单从不可能三角假说和两难选择判定中国货币政策的独立性似乎无法说明所有问题。

结合中国的实际情况，20 世纪 90 年代至今，中国长期保持着结构性国际收支失衡（主要是顺差），实行着中间汇率制度，同时保持着资本管制。这就意味着人民币汇率制度选择对中国货币政策独立性的影响具有一定的独特性，需要在一个更贴近中国实际情况的理论框架下分析汇率制度选择对中国货币政策独立性的影响。现阶段，中国正处于金融改革进程中，汇率制度改革、资本账户开放都是未来改革的重点和难点。在跨境资本流动规模日益增加的背景下，人民币汇率制度选择对中国政策独立性的影响是亟须探索的问题。

本书旨在探索汇率制度对中国货币政策独立性的影响。主要分析的问题包括：（1）拓展已有理论，建立不同汇率制度下，美国货币政策和中国国际收支失衡对中国货币政策影响的理论分析框架；（2）考察

1999—2017 年事实上的人民币汇率制度的变化；（3）对不同汇率制度下，国外货币政策和中国国际收支失衡对中国实体经济、金融市场和货币政策影响及其差异性进行实证分析；（4）考察日本和泰国的汇率制度改革对货币政策独立性的影响；（5）对人民币汇率制度改革以及提升中国货币政策独立性提出政策建议。

1.1.2　研究意义

1.1.2.1　理论意义

货币政策独立性一直受到学界和决策层的广泛关注。本书的研究意义主要表现为以下几点。

（1）本书在蒙代尔—弗莱明模型和不可能三角假说的理论逻辑基础上，构建了不同汇率制度下，中国国际收支失衡和美国货币政策对中国货币政策影响的理论分析框架。引入国际收支失衡和其他经济因素，并详细分析了中间汇率制度下货币政策独立性，拓展了影响货币政策独立性的分析框架。

（2）为中国货币政策独立性提供一种新的分析视角。根据中国实行的是多工具货币政策体系，本书引入包含多个货币政策工具的中国货币政策因子，分析发达经济体货币政策对中国货币政策的影响，并分别对利率政策和数量型货币政策的独立性进行了深入分析。

（3）本书采用新外部货币锚模型结合结构突变点检验分析了中国实际汇率制度的变化。实际汇率制度能反映出人民币汇率制度弹性的变动趋势，克服以名义汇率制度判断汇率制度变化的不足。

（4）经验研究中，采用因子增广型向量自回归模型和时变参数向量自回归模型分析中国货币政策受到国外货币政策的冲击，为货币政策独立性分析提供了新的研究方法。因子增广型向量自回归模型能够克服传统向量自回归模型信息不充分的不足，时变参数向量自回归模型可以分析不同汇率制度下货币政策受到国外货币政策影响的变化。

1.1.2.2　现实意义

为增强中国货币政策独立性提供参考。中国是一个大国，大国理应

6

保持货币政策的独立性，以实现货币政策促进经济增长、维持国内物价和金融市场稳定的目标。若货币政策不具有独立性，当中国和强经济体（主要指美国）的经济周期不一致时，中国央行调控经济的政策手段会被束缚，从而央行不能根据本国经济形势运用恰当的货币政策工具维持宏观经济的稳定运行。探索蒙代尔—弗莱明模型、不可能三角假说和两难选择等理论对中国的适用性，研究汇率制度选择对货币政策独立性的影响机制和效果有助于为中国提升国内货币政策独立性提出有效建议。

为中国协调国内金融改革和开放提供支撑。中国正在探索国内金融改革和对外金融开放的最佳路径和战略方针。中国将来会实现利率市场化、汇率形成机制市场化、资本账户开放以及人民币国际化等。在国内外金融改革开放的背景下，研究汇率制度改革对央行宏观经济调控能力、中国实体经济和金融市场产生的影响，有助于中国规避金融改革带来的风险。

1.2　货币政策独立性的定义

货币政策指央行为实现其特定的经济目标（一般是稳定物价和促进就业）而采用的各种货币政策工具的总称。基准利率或货币供应是常见的货币政策工具。央行应该根据不同的经济形势采取"紧缩""宽松"或"适度"的货币政策。货币政策有时会受到国内政治力量或外部经济因素的影响，即货币政策独立性受到影响。

货币政策是否具有独立性可以从两个角度进行理解。第一个角度是货币政策是否独立于本国的政府部门；第二个角度是国内的货币政策是否会受到外部经济因素的影响。

第一个角度可以认为是货币政策的对内独立性（以下简称央行独立性，central bank independence）。货币政策对内不独立指其不能独立于政府部门，央行货币政策会受到国内政治力量的影响。通常情况下，政府部门希望央行实施扩张性货币政策提高经济增长率和增加就业，这会产生通货膨胀压力，而央行的目标是维持国内物价稳定。若央行不独立于政府部门，国内发生通货膨胀的可能性较大。研究央行独立性的文献主要采用政治经济学的分析范式，研究央行的决策是否独立于本国的政府部门（Bodea，2015；Crowe，2007；Cukierman，2008；孙凯和秦宛顺，2005）[13,19,20,100]。汇率制度选择不会对央行独立性产生直接的显著影响。由于本书的研究主题是汇率制度选择对中国货币政策独立性的影响，因而本书研究的货币政策独立性并非是央行独立性。

第二个角度是货币政策的对外独立性（以下简称货币政策独立性）。一般来说，货币政策独立性指央行可以根据本国经济形势运用恰当的货币政策工具，而不受到外部货币政策环境的干扰。若是货币政策工具独立，那么它可以根据本国的经济形势作出调整。经济过热时，实施紧缩性货币政策；经济过冷时，实施扩张性货币政策。

对于中国而言，货币政策不仅会受到国外货币政策的影响，而且还受到本国国际收支失衡的显著影响。文中把国际收支失衡看作影响中国货币政策独立性的重要影响因素，原因是中国的国际收支失衡外生于国内外货币政策的变动，并且长期保持着巨额的"双顺差"。过去二十多年，除个别年份，中国长期保持结构性国际收支双顺差。同时，中国选择盯住美元汇率制或有管理的浮动汇率制，从而本国国际收支失衡会导致国内货币供应内生化。因此，本书研究的货币政策独立性指中国货币政策是否会受到国外货币政策和本国国际收支失衡的影响。

货币政策工具分为两种，一种是价格型工具，如央行基准利率；另一种是数量型工具，如基础货币、存款准备金率等。当前，发达经济体主要采用利率政策工具（非常规货币政策时期除外）。已有文献在衡量货币政策工具独立性时，大多数研究是对利率政策的独立性进行考察。对于中国而言，在利率还未完全实现市场化的背景下，中国央行采取的货币政策是以基础货币和贷款等数量型工具为主，兼顾央行基准利率的变动。换言之，中国货币政策是以数量型工具为主，价格型工具为辅，即中国的货币政策是多工具制（Pang & Siklos，2016；伍戈和刘琨，2015）[58,111]。在考察中国货币政策独立性时，需要综合考虑多种货币政策工具的独立性。

由此，本书把中国货币政策独立性定义为中国货币政策工具的运用可以根据本国经济形势来制定，而不受国外货币政策和本国国际收支失衡的影响。中国货币政策工具指央行基准利率、存款准备金率、基础货币和再贴现率等，既包括数量型货币政策工具，也包括价格型货币政策工具。

1.3　研究框架与研究方法

1.3.1　研究框架

本书的内容结构安排如下。第 1 章是绪论。系统梳理中国货币政策受到美国货币政策影响的典型事实，货币政策缺乏独立性制约了中国宏观经济调控能力，从而引出货币政策独立性这一研究问题。随后，阐述本书的主要研究问题和研究过程中使用的方法，在已有文献的基础上，作出的边际贡献。同时，清晰界定了中国货币政策独立性的含义，明确本书的研究主题。

第 2 章是经典理论和文献回顾。首先，回顾研究汇率制度对货币政策独立性影响的经典理论，具体包括蒙代尔—弗莱明模型、不可能三角假说和两难选择。详细分析和比较三种理论的假设前提、货币政策独立性定义、研究方法和结论。其次，系统梳理了汇率制度选择对货币政策独立性的研究文献，发现已有文献对汇率制度选择对货币政策独立性的影响得出的结论存在差异。同时，在经济形势不断变化的情况下，国际收支失衡对中国货币政策独立性有着重要影响。

第 3 章提出汇率制度选择对货币政策独立性的影响机制的理论分析框架。该理论分析框架和以往理论的主要区别有三点。（1）深入探索了不同汇率制度下，中国国际收支失衡和美国货币政策对中国货币政策的影响。（2）详细分析了中间汇率制度对货币政策独立性的影响。（3）明确区分了利率政策和数量型货币政策的独立性。新的理论分析框架能够清晰地解释不同汇率制度下货币政策的独立性。

第 4 章和第 5 章是实证分析。为分析汇率制度选择对货币政策独立性的影响，实证分析分成两个步骤：第一步是利用结构突变点检验法探究人民币汇率制度发生的变化；第二步实证分析中国国际收支失衡和国外货币政策对中国货币政策、实体经济和金融市场的影响，并利用第一步实证分析得出的汇率制度突变点，选取代表不同人民币汇率制度的时点，分析中国货币政策、实体经济和金融市场对国外货币政策冲击的响应是否有差异。第 4 章主要采用结构突变点检验法结合新外部货币锚模型探究 1999—2017 年人民币汇率制度的变化时点以及人民币汇率制度弹性的变化趋势。第 5 章分别采用向量自回归模型（VAR）、因子增广型向量自回归模型（FAVAR）和时变参数向量自回归模型（TVP – SV – VAR）分析国外货币政策对中国货币政策、实体经济和金融市场的影响。时变参数向量自回归模型着重分析在不同汇率制度下，国外货币政策对中国货币政策的影响是否有显著变化。

第 6 章分析日本和泰国汇率制度改革对货币政策独立性、实体经济和金融市场的影响，以及在日本和泰国汇率制度改革中，两国央行加强货币政策独立性的措施。

第 7 章是全文的研究结论和政策启示。

1.3.2　研究方法

本书采用的研究方法有规范分析、理论分析和实证分析。规范分析法主要应用于第 6 章，通过回顾日本和泰国汇率制度改革历史，两国利率与美国利率的相关关系，分析两国汇率制度改革对货币政策独立性产生的影响。

理论分析部分，进一步阐释蒙代尔—弗莱明模型、不可能三角假说、两难选择中不同汇率制度下，货币政策独立性的差异，并对不同理论进行了对比。本书在蒙代尔—弗莱明模型和不可能三角假说的基础上，加入国际收支失衡和美国货币政策变动趋势，深入分析了不同汇率制度下，美国货币政策变动对中国实体经济、金融市场和货币政策产生的影响。同时，根据中国货币政策多工具的特征，理论框架中分别分析了利率政策和数量型货币政策的独立性。

实证分析部分，在总结已有文献对货币政策独立性和货币政策外溢性的研究方法基础上，本书选择了因子分析法、向量自回归、因子增广型向量自回归和时变参数向量自回归模型进行实证分析。对具有共性的经济或政策变量采用因子分析法提取出因子，本书提取了中国货币政策因子、全球货币政策因子、中国实体经济因子和中国金融市场因子。向量自回归模型和因子增广型向量自回归模型分析的是整个考察期美国货币政策对中国货币政策、实体经济和金融市场产生的影响。时变参数向量自回归模型分析不同汇率制度下，中国国际收支失衡和国外货币政策对中国货币政策的影响。

1.4　主要创新和不足之处

1.4.1　主要创新点

在已有理论的基础上，本书构建理论分析框架探索汇率制度选择对中国货币政策独立性的影响。结合理论分析框架，本书选择了恰当的研究方法对研究问题进行实证分析。创新之处可以总结为三点。

（1）在蒙代尔—弗莱明模型和不可能三角假说的理论基础上，拓展了开放条件下货币政策独立性分析的理论框架。纳入国际收支失衡状态，探究不同汇率制度下中国货币政策的独立性，综合分析外部经济因素对利率政策和数量型货币政策的影响机制，提出开放宏观经济政策的"四重奏"特征。

理论分析框架从一个更广义的角度定义货币政策独立性，明确区分利率政策和数量型货币政策独立性，探索外部经济因素对利率政策和数量型货币政策影响的差异性。同时，理论分析框架考察了中间汇率制度下的浮动恐惧和外汇市场预期不稳定的特征，并在此基础上分析中间汇率制度对货币政策独立性的影响机制。

通过结合中国国际收支失衡状况，分析固定、中间和浮动汇率制下利率政策和数量型货币政策的独立性，清晰阐述汇率制度选择对中国货币政策独立性的理论影响机制。

（2）利用主要发达经济体的利率水平构建全球货币政策因子，探究全球货币政策因子对中国货币政策的影响。国外研究者采用全球货币政策因子分析货币政策的外溢性和传导机制，但鲜有研究采用全球货币政策因子分析中国货币政策独立性问题。现有研究大多是分析美国货币政策对中国利率政策的影响，或是中国外汇储备对中国货币供应量的影响，这不能全面反映出中国货币政策受到的影响。本书综合考察了全球货币政策因子、美国货币政策和中国外汇储备对中国利率政策因子和数量型货币政策因子的影响，从多个角度分析汇率制度选择对中国货币政策独立性的影响。

（3）本书采用的实证方法能够准确识别在不同时点不同汇率制度下中国货币政策独立性的差异。首先，本书采用结构突变点检验结合新外部货币锚模型判断人民币汇率制度的实际变化时点，克服依据名义汇率制度变化来判断货币政策独立性变化的问题。然后，利用结构突变点检验得出的人民币汇率制度变迁时点，选用时变参数向量自回归模型分析在不同时点、不同汇率制度下外部经济因素对中国货币政策的影响，准确识别不同汇率制度下中国货币政策独立性的差异。

传统向量自回归模型包含较多的变量会导致待估参数过多，无法准确估计模型结果。为解决这一问题，本书借鉴因子增广型向量自回归模型的思想，选取多个中国实体经济和金融市场代表性变量，提取中国实体经济因子和金融市场因子；根据中国货币政策多工具的特点，提取包含多种货币政策工具的中国货币政策因子，在此基础上进行实证研究。

1.4.2 不足之处

本书的研究旨在探索存在结构性国际收支失衡状态下，汇率制度选择对中国货币政策独立性的影响。随着时代的发展，中国内外部经济因素会不断发生变化，人民币在未来可能成为国际货币，影响中国货币政策独立性的因素会愈加复杂。汇率制度选择对中国货币政策的影响这一主题有继续研究的意义。

本书还存在一些不足和值得改进之处。一是未考虑中国货币政策对其他经济体的外溢性。近年来，随着中国经济金融实力的不断增强，中国作为一个大国，其货币政策对强经济体可能也存在外溢性。二是研究样本有限。本书的研究样本是 1999—2017 年，在这个时间段中，中国的人民币汇率并没有实现完全浮动，因此，本书的分析是基于固定汇率制和中间汇率制度得出的结论。中国真正转为浮动汇率制后，人民币汇率制度对中国货币政策独立性的影响机制和效果有待于进一步分析。三是本书对外汇冲销政策的效果分析还不够深入，实证分析中没有明确代表外汇冲销政策的变量。本书的不足之处，希望后续研究能够予以进一步改进和完善。

第2章 经典理论与文献回顾

分析货币政策独立性的主要理论有蒙代尔—弗莱明模型、不可能三角假说和两难选择。不可能三角假说指出在资本自由流动的状态下，固定汇率制度下，一国货币政策不具有独立性，而浮动汇率制度下，一国货币政策的独立性得以保证。不可能三角假说是研究者们根据蒙代尔—弗莱明模型总结得出的，并在理论和政策上得到广泛应用。实际上，不可能三角假说和蒙代尔—弗莱明模型是有差异的。孙华好（2004）在分析汇率制度、资本流动和货币政策独立性之间的关系时，把不可能三角假说和蒙代尔—弗莱明模型区分开来，并且认为不可能三角假说只是蒙代尔—弗莱明模型的一种特殊情况。

两难选择的核心思想是金融全球化背景下，全球存在资本流动、资产价格和信贷增长的全球金融周期，浮动汇率制不足以隔绝中心国家货币政策对外围国家产生的外溢性，现实经济中存在资本自由流动和货币政策独立的两难选择。

学界普遍认为不可能三角假说和两难选择是对立存在的，但这是从结论的表面意思得出的论断，少有研究从两种理论的深层逻辑分析它们的区别。实际上，两种理论对货币政策独立性的定义和分析的前提条件是不同的，不能简单地判断两种理论是对立的。

本章着重分析以下几个问题：蒙代尔—弗莱明模型、不可能三角和两难选择理论的内在理论逻辑；不可能三角假说和两难选择对于汇率制度选择对货币政策独立性的影响得出不同结论的原因；现有实证研究中汇率制度选择对货币政策独立性产生的影响；已有文献对中国货币政策独立性的定义、研究方法和研究进展。

2.1　经典理论

2.1.1　蒙代尔—弗莱明模型

Fleming（1962）[26]、Mundell（1963）[53]主要分析的货币政策是数量型货币政策，他们文中的货币政策分别指代央行在公开市场买卖有价证券的行为和货币存量供给的变化。本书以 Mundell（1963）一文为基础，分析蒙代尔—弗莱明模型（Mundell – Fleming Model）中数量型货币政策和利率政策的独立性。

2.1.1.1　数量型货币政策

Mundell（1963）提出当资本可以自由流动时，货币政策在固定汇率制下不独立，而在浮动汇率制下，货币政策独立且有效[52]。本书以扩张性货币政策（紧缩性货币政策类似）为例，简单阐述资本自由流动状态下货币政策的传导机制。图 2.1 和图 2.2 描述了浮动汇率制和固定汇率制下扩张性货币政策的传导机制。

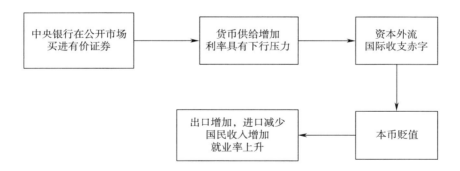

图 2.1　浮动汇率制下扩张性货币政策的传导机制

浮动汇率制下，央行在公开市场买进有价证券会导致货币供应增加，利率有下行压力。资本外流会阻止利率下降并导致国际收支赤字，进而本币贬值，净出口上升，国民收入增加。国民收入增加的比例和货币供给增加的比例保持一致。

浮动汇率制下，扩张性货币政策能促进经济增长的主要原因是汇率

15

贬值改善了本国的贸易条件，增加了贸易顺差，从而促进本国国民收入增加和就业率上升。

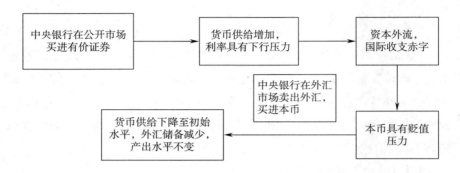

图 2.2　固定汇率制下扩张性货币政策的传导机制

在固定汇率制下，央行扩张性货币政策同样会给本币带来贬值压力，央行会干预外汇市场，买进本币卖出外汇，从而回笼最初央行在公开市场买进有价证券投放的基础货币。因而，在固定汇率制下，央行的扩张性货币政策无效，最终结果只是消耗了本国的外汇储备。货币政策无效的原因是央行维持汇率稳定的计划会把货币供应水平降至初始的状态。

以上是蒙代尔—弗莱明模型中的理论传导机制，本书将通过 IS – LM – BP 模型来分析不同汇率制度下货币政策的传导渠道，进而了解货币政策独立性。

姜波克（2008）指出蒙代尔—弗莱明模型是开放经济条件下的 IS – LM 模型[80]，可看作 IS – LM – BP 模型的几种特殊形式。模型具有以下四点假设：（1）所有的有价证券都可自由兑换，也称为自由的资本流动；（2）国内产出的弹性较大，价格水平不变；（3）贸易余额仅取决于国民收入和汇率，投资只是利率的函数，货币需求只受收入和利率的影响；（4）一国的经济规模较小，该国对外国收入和国际利率没有影响。

蒙代尔—弗莱明模型分析了商品市场、货币市场和国际收支的均衡关系。商品市场均衡指国内的总需求和总供给达到平衡，即 $Y = C + I + G + NX$。在不考虑政府支出变动和外国国民收入对净出口影响的情况下，

上式可转化为

$$Y = (A - bi) + (ce - tY) \qquad (2-1)$$

其中，A 表示国内自主吸收余额，Y 表示总产出，i 表示利率，b、c 是利率和汇率对国内需求的影响系数，t 是边际进口倾向，e 是直接标价法下的汇率。式（2-1）还可表达成如下形式：

$$i = (A + ce - (1 + t)Y)/b \qquad (2-2)$$

式（2-2）表明，商品市场均衡在 i-Y 平面内是一条斜率为负的曲线（IS 曲线），本币贬值（e 增加）以及国内自主吸收余额 A 增加会导致它右移。

货币市场均衡的条件是国内货币供给等于货币需求，即 $\frac{M}{P} = L(i, Y) = kY - hi, k > 0, h > 0$。$M$ 为名义货币量，P 为物价水平在假定 P 固定不变且标准化为 1 时，上式可简化为

$$i = (kY - M)/h \qquad (2-3)$$

式（2-3）表明，货币市场均衡是 i-Y 平面内的一条斜率为正的曲线（LM 曲线），货币供给增加会使 LM 曲线右移。

BP 曲线用来刻画国际收支平衡的状态，国际收支平衡即 $CA + FA = 0$，也可表示为

$$(ce - tY) + \theta(i - i_f) = 0 \qquad (2-4)$$

θ 是资本流动对利率的敏感程度。当资本完全流动，$\theta \to +\infty$，在 i-Y 平面，BP 曲线是一条水平线，国际收支仅在国内和国际利率一致时才达到平衡；当资本不完全流动时，$\theta > 0$，在 i-Y 平面，BP 曲线是一条斜率为正的曲线，曲线随着本币贬值而右移；当资本完全不流动时，$\theta = 0$，在 i-Y 平面，BP 曲线是一条垂直线，随着本币贬值而右移。

图 2.3 和图 2.4 分别描述了在浮动和固定汇率制下扩张性货币数量政策的效应。央行在公开市场上购买有价证券以实行扩张性货币数量政策，经济体的货币供应量增加，LM 曲线右移变成 LM1。货币供给增加会使本国利率有下行压力。资本大量外逃会阻止利率下降，并造成国际收支赤字。

在浮动汇率制下，本币贬值，会促进出口，进而带动经济增长，IS

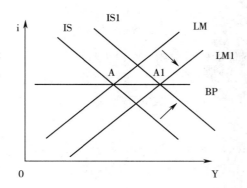

图 2.3 浮动汇率制下扩张性货币数量政策效应

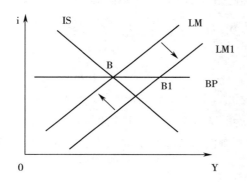

图 2.4 固定汇率制下扩张性货币数量政策效应

曲线右移至 IS1。最终，经济规模增长的幅度等于货币供应量增长的幅度。在固定汇率制下，央行会在外汇市场进行干预，买进本币并卖出外币。央行在外汇市场的干预会回笼货币，LM1 曲线会回到初始位置，即货币供应量会回到初始的水平。这就使货币政策失效，货币政策不具有独立性。

上述分析表明，当资本可以自由流动时，在固定汇率制下，央行主动实行的数量型货币政策不独立，不会对产出造成影响；而在浮动汇率制下，央行主动实施的数量型货币政策独立并能有效促进产出增加。

2.1.1.2 利率政策工具

Mundell（1963）并未细致分析利率政策的独立性[53]。他着重分析的

18

是数量型货币工具的独立性。利率政策的独立性隐含在模型分析的假设中，即在资本自由流动的状态下本国利率（i_d）必须等于国际利率（i_f）。倘若本国利率高于国外利率，该国将面临大规模资本流入；倘若本国利率低于国际利率，该国面临大规模资本外流。大规模资本流入（或流出）带来的结果是国内资本供给迅速增加（或减少），国内资本收益率（本国利率）会降至（或升至）国外利率水平，如图 2.5 所示。

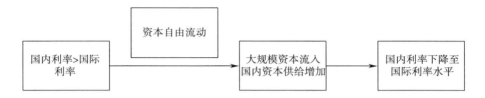

图 2.5　资本自由流动状态下国外利率冲击对本国利率政策的影响

基于这个假设，Mundell（1963）认为利率政策独立性与汇率制度的选择无关，它与资本自由流动是一个两难选择。当一国资本可自由流动时，小国的利率政策不具有独立性。然而，在现实经济中，各国的利率却并不一致。多恩布什等（2010）总结各国利率不一致的三点原因：（1）各国的税负不同；（2）汇率是变化的；（3）存在一定的资本管制。因此，蒙代尔—弗莱明模型中对利率相关性的假设和现实经济情况有一定的差异性。

2.1.2　不可能三角假说

蒙代尔—弗莱明模型为不可能三角假说奠定了基础。需要特别说明的是，蒙代尔—弗莱明模型得出的结论是在资本自由流动的状态下，央行主动实施的扩张性货币数量政策在固定汇率制下失效，原因是央行需要干预外汇市场维持汇率稳定，而产生和原本公开市场操作相反的效应。不可能三角假说指开放经济体在资本自由流动的状态下，固定汇率制度会使一国货币政策无法独立，而浮动汇率制度下，一国货币政策的独立性得以保证。固定汇率制、资本完全自由流动和独立的货币政策不可兼得，一国最多只能选择上述三个目标中的两个。不可能三角假说中资本流动、汇率制度和货币政策独立性的关系如图 2.6 所示。

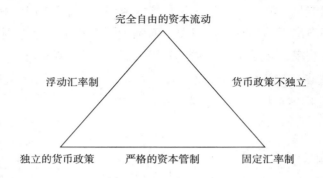

图 2.6 不可能三角假说

不可能三角假说中的货币政策并没有指出是数量型货币政策还是利率政策。很多实证研究把不可能三角假说中的货币政策独立性定义为一国的利率水平能否独立于国际利率水平（通常是美国利率水平）（Aizenman et al. , 2010；Georgiadis & Mehl, 2015；Obstfeld et al. , 2005；Rey, 2016）[1,34,55,61]。这其中的一个重要原因是很多市场国家已经把基准利率作为该国最重要甚至是唯一的货币政策工具。在市场经济国家中，货币政策独立性可近似看作利率政策的独立性。但是，在蒙代尔—弗莱明模型的假设中，当资本自由流动时，本国利率必须等于国际利率。原因是当资本完全自由流动时，资本总会追求高收益，从而使世界各国的利率保持一致，等量资本获取相同回报。利率政策的独立性与资本自由流动直接相关，而与汇率制度类型没有显著的关系。

实际上，采用利率相关性来衡量货币政策独立性的问题，应该称之为本国利率政策是否会受到中心国家①货币政策外溢性的影响，这与Mundell（1963）分析的情况有显著区别[53]。在不可能三角假说中，浮动汇率制能够保证独立性货币政策，其中隐含的理论逻辑是无抛补利率平价（Uncovered interest rate parity, UIRP）成立。无抛补利率平价的简单推导过程如下。

---

① 中心国家的货币是外围国家货币的锚货币并且其货币政策会对外围国家产生较大影响。

假定投资者是风险中性，投资者有两种资产选择：本币和外币。本国利率为i_d，国外利率为i_f。S 表示本币对外币的即期汇率（直接标价），S_e 代表将来某个时点的预期汇率。在资本自由流动的情况下，如果本外币资产收益不等，投资者会选择收益高的货币资产，资本收益高的资产会因投资量增加而收益率递减，而资产收益低的货币收益率则会抬高，最终的结果是两者收益趋于一致。本币和外币资产收益相等时的情况可表示为

$$1 + i_d = (1 + i_f) \times S_e/S \qquad (2-5)$$

令本币预期贴水（升水）$\dfrac{S_e - S}{S} = \tau$

则式（2-5）可写成：

$$1 + i_d = (1 + i_f)(1 + \tau) = 1 + i_f + \tau + i_f \times \tau \qquad (2-6)$$

其中 $i_f \times \tau$ 为"二阶小量"，可忽略不计，则式（2-6）可写成：

$$i_d - i_f = \tau \qquad (2-7)$$

从式（2-7）可看出，无抛补利率平价的实质是本国利率高于（低于）国际利率的差额等于本币的预期贴水（升水）。在资本自由流动、固定汇率制下，τ 等于 0，则 i_d 必须等于 i_f。浮动汇率制下，τ 不等于 0，i_d 可以不等于 i_f，这意味着本国利率水平能够在一定程度上独立于国外利率水平。

根据无抛补利率平价，在浮动汇率制下，一国的利率水平可以在一定程度上独立于国外利率水平。为分析国外利率冲击对本国利率的影响，本书采用 IS-LM-BP 模型描述国外利率变动对国内经济的冲击。为更加贴近于中国实际经济情况，假定资本处于不完全流动的状态。

图 2.7 和图 2.8 分别描述了在资本不完全流动的状态下，浮动汇率制和固定汇率制下国外利率上升对本国经济的影响（国外利率下降的分析框架类似，得出的结果相反）。

根据式（2-4），当一国受到国外利率上升的冲击时时，BP 曲线会上移至 BP1。在固定汇率制下，国外利率上升，国内出现资本外逃进而造成国际收支赤字，本币有贬值压力。央行在外汇市场上，卖出外汇买进本币以维持本国汇率稳定，LM 曲线左移至 LM1。最终，经济体在 B1 点

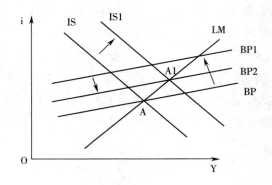

图 2.7　浮动汇率制下国外利率上升对本国经济的影响

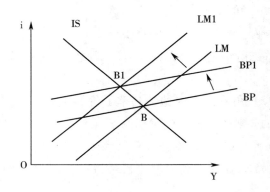

图 2.8　固定汇率制下国外利率上升对本国经济的影响

实现内外部均衡。相比于初始的均衡状态，最终均衡状态的变化包括利率上升、货币供应量减少以及产出水平下降。

　　在浮动汇率制下，国外利率高于本国利率导致国内出现资本外逃和国际收支赤字，央行不干预外汇市场，本币贬值。本币贬值会使 BP1 曲线下移至 BP2。同时，本币贬值会促进出口，进而带动经济增长，IS 曲线右移至 IS1。最终，经济体在 A1 点实现内外部均衡。与固定汇率制相比，国外利率上升对于本国利率的影响幅度较小，并且对货币供应量无影响。

　　通过对 IS – LM – BP 和无抛补利率平价的分析，可以发现浮动汇率制并不能完全隔绝国际利率的影响，但是相对于固定汇率制而言，它能在

22

一定程度上有效增强货币政策的独立性。具体而言，在浮动汇率制下，国外利率变动对本国利率有一定影响，但是相对固定汇率制而言，影响更弱一些，并且货币供给不会受到影响。

国外利率冲击对本国货币政策独立性的影响可以总结为：在存在资本流动的情况下，固定汇率制国家的货币数量和利率政策都显著受到国外货币政策的影响，并且国外利率上升对本国产出有一定的负面冲击；而浮动汇率制国家的货币数量政策能独立于国外利率的冲击，其利率政策也能在一定程度上独立于国外利率水平，国外利率上升引起本币贬值会带动本国经济的增长。

2.1.3　两难选择

Rey（2015，2016）认为在金融全球化的背景下，全球存在资本流动、资产价格和信贷增长的全球金融周期，中心国家的货币政策能够从多个方面影响其他国家的货币和金融环境[62,61]。中心国家货币政策可以通过影响全球风险因子，造成跨境资本流动规模产生变化，进而影响一国的货币政策环境。因而，不可能三角已经转变为两难选择。两难选择指资本自由流动和独立货币政策两者之间存在冲突，不管汇率制度是否浮动，只要资本自由流动，一国的货币政策将不具有独立性。一国仅在资本账户存在管制时才有可能保证货币政策的独立性。

与不可能三角假说类似，两难选择分析的货币政策独立性是一国货币政策是否会受到强经济体货币政策溢出效应的影响。但是，两难选择与不可能三角假说的一个重要区别是，前者货币政策独立性的涵盖范围更加广泛，不仅考虑利率政策的独立性，它还考虑信贷环境变化等。Rey（2016）明确指出采用短期利率的相关性来衡量货币政策的独立性是不够全面的[61]。因而，两难选择中的货币政策独立性是更加广义的货币政策独立性。

两难选择的理论逻辑是中心国家（美国）的货币政策会引发全球资本流动、资产价格和信贷增长的金融周期。资本自由流动的情况下，美国货币政策会通过国际信贷渠道和浮动恐惧渠道传导到其他国家，其他国家的信贷和资产价格会受到全球金融周期的影响，一国很可能出现不符合其经济形势的信贷增长，即本国无法保证货币政策的独立性（Rey，2016）[61]。

国际信贷渠道影响货币政策独立性的机制是：美元是世界上最重要的国际货币，它在一国的国际贸易、国际投资以及官方储备资产中占据十分重要的位置。美国货币政策会影响美元汇率变动，进而影响一国美元资产价值。同时，它也会影响一国本外币借贷成本的变化。本书以加拿大为例，分析美国货币政策对加拿大货币政策的影响。美国降低联邦基金利率实行扩张性的货币政策，利率降低使美元资产收益降低，投资者可能会有意愿持有更多的美元贷款并将其转移到利率相对更高的加拿大。大量的资本流入会使加拿大元有显著的升值压力，为了减缓加拿大元的升值压力，加拿大央行会降低利率以减少投机性资本的投入。同时，为了不对出口和巨额外汇储备资产价值产生显著的负面影响，央行会在外汇市场买进外汇卖出本币以稳定汇率，进而使国内流动性增加和信贷环境更加宽松。通过国际信贷渠道，美国降低利率会导致加拿大降低本国利率并增加国内信贷，即本国货币政策不具有独立性。

浮动恐惧（fear of floating）指央行担心汇率的波动会对经济产生负面影响，而通过各种手段控制汇率使其不出现大的波动。浮动恐惧对货币政策独立性的影响机制为：当美国实施扩张性货币政策，如降低利率，与美国有密切经济和金融联系的国家会出现资本流入，本币有升值压力。为了不让本国出口受到影响，央行会降低本国利率以稳定本国货币汇率。美国提高利率，本国资本外流，导致本币贬值，促进出口，增加国内总产出。但是，本币贬值又会导致本国美元债务上升。因此，该国会提升利率以减轻本币贬值压力。由此可知，即使一国名义上实行浮动汇率制，一些新兴市场国家的央行仍然可能会因为害怕汇率浮动而和中心国家的步伐保持一致，调整本国货币政策，进而无法保证货币政策的独立性。

为验证汇率制度选择、资本账户开放和货币政策独立性之间的关系是否满足两难选择，Rey 实证分析了美国货币政策对其他国家的外溢性。

Rey（2015）得出美国联邦基金利率对全球信贷和杠杆率变动有显著影响[62]。Rey（2016）采用 VAR 模型分析美国货币政策对浮动汇率制国家（加拿大、瑞典、英国和新西兰）的影响，实证分析结果表明，美国利率政策对以上国家的抵押贷款息差（衡量信贷环境）、物价、工业产出及金融风险等都有显著影响[61]。

从以上四个国家官方公布的汇率制度和 IMF 对其汇率制度的分类来看，它们确实是浮动汇率制。然而，从 Ilzetzki et al.（2017）的事实上汇率制度的分类来看，加拿大、瑞典、英国和新西兰并非完全浮动的汇率制国家[41]。

表 2.1　　　　　　加拿大、瑞典、英国和新西兰汇率制度变迁

国家	RR 自然分类法
加拿大	1970 年 5 月至 2002 年 5 月，事实上的移动水平带盯住美元汇率制（±2%） 2002 年 6 月至 2016 年 10 月，有管理的浮动汇率制（±5%，美元）
瑞典	1999 年 2 月至 2008 年 8 月，事实上的水平带盯住欧元汇率制（±2%） 2008 年 9 月至 2016 年 9 月，事实上的水平移动区间盯住欧元汇率制（±2%）
英国	1992 年 9 月至 2000 年 12 月，有管理的浮动汇率制 2001 年 1 月至 2008 年 12 月，事实上的移动水平带盯住欧元汇率制（±2%） 2009 年 1 月至 2016 年 10 月，自由浮动汇率制
新西兰	1989 年 12 月至 2016 年 10 月，有管理的浮动汇率制

资料来源：Ilzetzki et al.（2017）。

Aizenman et al. 编制的三元悖论指数中有衡量汇率稳定性的指标，汇率稳定性计算公式为 $ERS = \dfrac{0.01}{0.01 + stdev(e)}$，$e$ 为月度汇率值，$stdev(e)$ 为月度汇率值的年标准差。从汇率变化的稳定性来看，加拿大、瑞典、英国和新西兰实际上是极有可能存在浮动恐惧的①，如图 2.9 所示。因此，以上四国的货币政策和经济会受到美国货币政策的影响，一个重要原因便是它们事实上的汇率制度并非是浮动汇率制。

---

① 看来存在浮动恐惧的国家，并不限于新兴市场经济体。

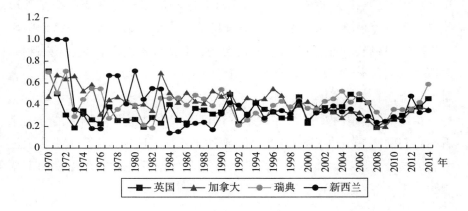

图 2.9　英国、加拿大、瑞典和新西兰汇率稳定性指标

（资料来源：Aizenman et al. 编制的不可能三角假说指数）

在以上分析的基础上，两难选择应当表述为：在金融全球化背景下，非中心国家的开放经济体容易受到全球金融周期的影响，名义上实行浮动汇率制的国家，其货币政策环境（包括利率、信贷等）和经济形势也会受到中心国家货币政策的影响。

2.2　文献综述

在经济全球化背景下，经济实力较强国家的宏观经济政策走向会影响微观经济主体的预期，改变它们的资产配置，从而给跨境资本流动和资本市场带来影响，影响一国按照本国稳定通货膨胀或促进就业的需要实行的独立货币政策。随着世界经济联系愈加密切，正确认识货币政策的独立性显得尤为重要。已有文献对货币政策独立性进行了深入研究，本书从汇率制度选择和货币政策独立性的关系，国际收支失衡和货币政策独立性，中国货币政策独立性的问题，以及外部经济因素与中国经济基本面的关系四个方面对已有文献进行梳理。

2.2.1　汇率制度、资本开放和货币政策独立性

研究者在考察一国货币政策独立性时，往往会联系其汇率制度的类型和资本账户的开放度，即验证不可能三角假说是否成立。采用的研究

方法主要有两种：一是建立三元悖论指数，分析汇率制度稳定性、金融账户开放程度和货币政策独立性三者之间的关系；二是构建计量模型探索基准国如美国（利率）对一国利率的影响程度。

很多研究者发现了汇率制度选择和货币政策独立性满足不可能三角假说的经验证据。Frankel、Schmukler 和 Serven（2005）认为，浮动汇率制国家拥有较好的货币自主能力，因而，利率调整相对于国际利率变化越迟缓[29]。Giovanni 和 Shambaugh（2008）指出，实行固定汇率制的经济体本国利率会和基准国利率进行同向调整，浮动汇率制国家可以自主调整本国汇率。因而，只有实行固定汇率制国家的实际 GDP 才会受到外国利率变化的影响[37]。Chang 和 Lee（2008）分析了东亚经济体本国利率受国际利率的影响，实证结果表明韩国和泰国转为实行浮动汇率制度后，本国利率受到国际利率的影响显著减弱；实行浮动汇率制的日本的货币政策独立性显著强于实行固定汇率制的中国香港[16]。Goh 和 Mcnown（2015）分析马来西亚利率和美国利率之间的关系，他们发现在实施有管理的浮动汇率制度时期，两国利率之间没有显著的相关性，而在固定汇率制、资本账户开放的条件下，两国利率有显著的相关性[38]。

部分研究者认为很多国家的经济政策组合中并不完全放弃不可能三角中的某一项目标，而是选择非角点解。Aizenman et al.（2010）[1] 和 Obstfeld et al.（2005）[55] 实证分析了各国在各个历史时期的汇率制度、资本账户开放与货币政策独立性的选择，认为不可能三角假说成立，但是现实情况中，很多国家并不完全放弃其中一项目标，而是采取折中的解决方案，以本国外汇储备作为缓冲，实施有管理的浮动汇率制度，来保持一定程度的货币政策独立性。Klein 和 Shambaugh（2015）提出很多国家的国际经济政策选择并非位于"不可能三角"的角点解，而是选择中间政策。同时，他们发现不严格的资本管制不能增强货币政策的独立性，但是适度的汇率制度弹性能够增强一定的货币政策独立性[44]。

也有研究发现了不可能三角假说不成立的证据，他们认为汇率制度选择不会对货币政策独立性产生显著影响。Edwards（2015）分析了美联储货币政策对浮动汇率制国家智利、哥伦比亚和墨西哥货币政策的影响，得出结论：在浮动汇率制下，以上三个国家依然会显著受到美联储货币政策的影响[24]。Rey（2015）认为，在资本自由流动的情况下，浮动汇率制并不能增强货币政策的独立性，即资本自由流动和独立的货币政策之前存在两难的选择[62]。Mandilaras（2015）在三维坐标系中构建了不可能三角假说平面，并利用欧氏几何分析方法测度现实中各国的经济政策组合点与不可能三角假说平面的距离，得出的结论是，总体来看世界各国的经济政策组合并不满足不可能三角假说[50]。

很多研究者对人民币汇率制度、资本账户开放和中国货币政策独立性三者之间的关系进行了探讨。有些研究表明不可能三角假说在中国是成立的。谢平和张晓朴（2002）[117]、汪洋（2009）[104]从不可能三角假说的原理出发，认为我国汇率政策和货币政策存在冲突。随着国际资本流动越来越自由，中国保持货币政策独立和保持汇率稳定这两个目标间的冲突越来越明显。杨艳林（2012）[120]以及王珊珊和黄梅波（2014）[108]通过构建"不可能三角假说"政策目标指数进行实证分析，得出不可能三角假说在中国成立的结论，并且中国的政策选择是非角点解。Li 和 Tsai（2013）分析人民币汇率制度弹性和中国货币政策独立性的关系，认为人民币汇率制度弹性增加可以增强中国市场化的货币政策独立性[46]。

另一些研究指出不可能三角假说并不完全适用于中国的实际情况。金山（2009）通过实证分析得出汇率制度并不是决定货币政策独立性的关键因素，资本的流动性在货币政策的独立性中起着更为关键的作用[82]。杨柳和黄婷（2015）构建 SFAVAR 模型分析汇率制度改革对中国货币政策有效性和独立性的影响，他们发现汇率制度改革后外部经济冲击对中国货币政策的工具和目标的影响更强，人民币汇率制度弹性的增加并未显著增强货币政策的独立性[119]。范小云等（2015）认为浮动汇率能够吸收外部冲击，增强货币政策的独立性；但是过度的汇率波动则会通过经常项目渠道和资产负债表渠道影响宏观经济，削弱货币政策的独立性。他们利用二次项模型和面板门限模型，发现基于货币政策独立性的视角，存在最优汇率制度[70]。

部分已有文献对不可能三角假说给予了肯定，部分对不可能三角假说提出了质疑。质疑主要是基于汇率制度的灵活性并不一定能加强货币政策的独立性。值得注意的是，很多文献在计算汇率制度弹性时，只考虑一国和参照国货币兑换的汇率变动（Aizenman et al.，2010；范小云，2015）[1,70]。但是这种方法并不能适用于所有国家，例如，对于中国而言，2005 年汇率制度改革之后，人民币参照的是一篮子货币，在计算其汇率制度弹性时，需要考虑一篮子货币。Frankel 和 Wei（2008）提出的新外部货币锚模型可以通过回归分析得出一国的汇率制度弹性[31]。李婧和解祥优（2015）应用新外部货币锚模型对东亚经济体汇率制度进行分析并得出其汇率制度弹性。为了更为确切地判断汇率制度弹性对货币政策独立性的影响，本书认为需要对汇率制度弹性进行更为准确的估算[85]。

2.2.2　国际收支失衡和货币政策独立性

假定一国的利率政策状态不变，中心国家利率政策的调整会导致一国和中心国家出现利差。在开放经济条件下，国际利率和本国利率的差异会造成跨境资本流动，进而会使一国国际收支出现失衡。非浮动汇率制下，国际收支失衡会造成一国外汇储备发生变化。李少昆（2017）实证分析得出美国上调利率对中国外汇储备产生显著的负向影响[88]。

除国外货币政策调整造成的国际收支失衡以外，国际收支失衡还可能是经济结构特征导致的。余永定和覃东海（2006）分析了中国国际收支双顺差的根源，他们认为中国长期保持双顺差的原因是政府推行吸引外商直接投资（FDI）的优惠政策，尤其是有大量加工贸易型 FDI 流入中国。加工贸易中出口额必然大于进口额，形成经常项目顺差；加工贸易型 FDI 流入以及这类企业的利润再投资会形成资本项目顺差，这就带来结构性的国际收支双顺差[126]。

很多学者提出中国外部经济呈现双顺差格局，外汇占款持续增加，外汇占款已经成为中国央行投放基础货币的最重要甚至唯一渠道，这表明中国货币政策缺乏对外独立性（蒋志芬，2008；法文宗，2010；谈正达，2012；杨艳林，2012；张明，2012；张曙光，张斌，2007）[81,68,101,120,128,129]。吴晓灵（2007）提出中国国际收支双顺差导致外汇储备存量不断积累，基础货币被动增加，对冲过多的流动性是一段时期内货币政策的主要目标[110]。何慧刚（2007）认为国际收支双顺差的情况下，外汇储备剧增使货币供给的内生性进一步增强，从而使货币政策缺乏独立性。同时，我国现行的结售汇体制构成货币供给内生性的制度因素[74]。朱亚培（2013）认为，我国外汇占款的过快增长对货币政策独立性有较大的影响，央行被动使用货币政策工具对冲，但没有被对冲的外汇占款仍造成国内流动性过剩[133]。裘骏峰（2015）认为在双顺差格局下，国际储备积累引起的货币增发会导致实物和资产价格上涨，降低货币政策独立性。同时，在不可能三角中，即使一国放弃资本自由流动，也并不意味着就能同时实现汇率稳定和独立的货币政策[93]。

中国在过去二十余年中，除个别年份，持续保持着国际收支双顺差状态，同时又实行着缺乏弹性的汇率制度，为维持汇率稳定，央行长期在外汇市场上购买外汇，积累外汇储备。不难想象，国际收支失衡的确会让中国货币供给内生化，进而对中国货币政策独立性带来显著影响。

然而，近年来，一些学者认为新兴市场经济体持有巨额的外汇储备能够在一定程度上缓解不可能三角假说的冲突。沈军等（2015）通过分析中国和印度的不可能三角假说指数和外汇储备占 GDP 比重之间的变动关系，他们认为较快的外汇储备增长速度能够保持汇率稳定，并有助于汇率稳定、金融开放和货币政策独立性得到更好的均衡[95]。Aizenman et al.（2011）认为亚洲经济体的高额外汇储备提高了它们对不可能三角假说政策的选择，从而能够实现一个更好的均衡[2]。Majumder 和 Nag（2017）认为印度央行在外汇市场的干预操作减轻了印度受到的不可能三角假说的约束[49]。赵敏和高露（2017）认为中国可以依靠巨额的外汇储备规模和现行的货币发行制度，从而在一定程度上找到"可能的三角"均衡点[131]。

基于已有研究的结论，可以发现国际收支失衡既会给国内货币供给带来冲击，又可以在一定程度上缓解不可能三角假说的冲突。因而，国际收支失衡给货币政策独立性带来的影响有待于进一步深入分析。在外汇占款持续增长的背景下，央行实行了外汇冲销政策以减缓基础货币供应的增加。一般而言，冲销干预有助于保证货币政策的独立性。但是，已有文献对于冲销干预对货币政策独立性造成的影响却持有三种不同的观点。

第一种观点认为冲销政策是有效的，有助于增强货币政策独立性。谢平和张晓朴（2002）认为外汇冲销政策是有效的，在一定程度上增强了中国货币政策的独立性[117]。方先明等（2006）[71]、曲强等（2009）[94]证实央行冲销政策能有效抑制外汇占款增加带来的通货膨胀压力。王三兴和王永中（2011）采用递归的 SVAR 模型分析国际利率和外汇储备增加对本国利率的动态冲击效应，脉冲响应函数显示该效应十分微弱，这意味着央行的冲销政策有效，我国货币政策具有独立性[107]。

第二种观点认为央行实施冲销干预表明货币政策独立性正在逐渐被削弱。刘金山（2007）认为，近年来紧缩性货币政策几乎全部用于冲销外汇储备增长释放的货币，其中大部分用于冲销非正常资金流入释放的货币量，货币政策正在逐步失去独立性[87]。Loffler et al.（2012）认为，在固定汇率制度下，东亚国家可以通过冲销干预，避免出现不可能三角，获得货币政策独立性，但会导致金融部门扭曲；在浮动汇率制度下，通过冲销干预，货币政策不但可实现独立性，而且也不必以金融部门扭曲作为代价。但是，央行面临大量的冲销成本、外汇储备的估值损失，导致货币政策独立性必然会受到影响[47]。

第三种观点认为短期来看冲销政策有助于增强货币政策独立性，长期来看冲销干预会减弱货币政策的独立性。何慧刚（2007）[74]、陶士贵和王振杰（2012）[102]以及武剑（2005）[113]认为，冲销干预对我国货币政策独立性的影响在长短期内表现出明显不一致的特征，短期内有助于保持货币政策独立性，长期内不仅约束货币政策的操作空间，削弱货币政策独立性，而且累积金融风险，甚至导致恶性后果。

由此可见，学界对于外汇冲销政策维护中国货币政策独立性的效果尚未达成统一意见。王国刚（2012）指出，2000—2010 年，不仅央行票据是冲销干预工具，而且提高存款准备金率的主要功效也是对冲过多的外汇储备。在分析外汇冲销干预政策时，需要以一个广义的视角进行分析[105]。

2.2.3　中国货币政策独立性

货币政策独立性一直受到中国学界和决策层的广泛关注。黄泰岩（2016）通过对中国 17 种代表性期刊发表的文章进行统计分析，得出 2015 年中国经济研究的前 20 大热点问题，货币政策问题名列第九位，2014 年货币政策研究列第七位。其中，研究货币政策独立性问题是货币政策领域文献中很突出的一个部分[78]。潘再见（2015）围绕不可能三角、汇率制度选择与货币政策独立性、中国的货币政策独立性等问题系统梳理了国内外学者的研究成果[92]。

美国、欧元区、日本和英国等强经济体与中国具有密切的贸易和货币金融联系。美国是世界第一大经济体，并且美元是最重要的国际货币。同时，美国是中国第二大贸易伙伴国，中美双边经济、货币和金融联系密切。美国货币政策最可能对中国经济造成显著影响。1999 年，欧元区成立以后，欧元区和中国始终保持着密切的贸易和投资往来。现阶段，欧盟已经成为中国第一大贸易伙伴。同时，欧元也是重要的国际货币，即核心货币。2005 年人民币汇率制度改革成为参考一篮子货币浮动的有管理的浮动汇率制，把欧元也纳入货币篮子中。不难想象，欧元区的货币政策极有可能会对中国货币政策产生影响。同样，英镑和日元也是人民币参考的篮子货币，作为系统重要性经济体的英国和日本也可能会对中国货币政策产生影响。因而，对于中国而言，其很可能受到美国、欧元区、日本和英国等强经济体货币政策的影响。

然而，迄今为止，鲜有研究在讨论中国货币政策独立性时，会综合考虑多个发达经济体带来的影响。大部分研究都是分析中国利率与美国利率之间的关系，他们认为由于人民币盯住美元，中国的利率有可能会受到美国利率的影响（Bernanke，2012；Cheung et al.，2007；和萍，2006；金山，2009；卫迎春和邹舒，2012）[9,17,76,82,109]。然而，除 Bernanke 以外，以上提到的其他学者的实证分析结果都表明中国的利率政策并没有过多地受到美国利率政策的影响。

有学者实证分析在不同汇率制下，美国货币政策的传导渠道。肖娱

（2011）运用贝叶斯结构向量自回归模型，检验了美国货币政策冲击对六个具有不同汇率制度的亚洲经济体的传导渠道。研究发现，汇率渠道在日本等浮动汇率制国家作用明显。在具有"浮动恐惧"和实行固定汇率制的经济体，美国货币政策的国际传导渠道取决于该经济体的资本开放程度：对于新加坡等资本开放的经济体，利率渠道的作用明显；而对于中国等资本管制仍相对严格的国家，通过外汇储备渠道的影响更加突出[116]。

中国存在资本管制，同时中国的货币政策具有多工具的特征。在实证分析中仅采用某一政策利率来代表中国货币政策，并且利用利率相关性来衡量美国货币政策对中国货币政策的影响是不够全面的。

国内学者对中国货币政策是否具有独立性进行了大量讨论，已有研究持有两种不同观点。一种观点是中国货币政策独立性已经受到显著影响。姜波克和李心丹（1998）[79]、陶士贵（2007）[103]、赵进文和张敬忠（2013）[130]认为本币与外币之间的替代降低了中国货币政策的独立性。张明（2012）认为中国外部经济呈双顺差格局，外汇占款持续增加，导致中国货币政策缺乏独立性[128]。汪洋（2009）认为由于中国未能实际管住资本流动，因而在维持汇率稳定的情况下，中国不能维持货币政策独立[104]。何国华和袁仕陈（2011）指出货币替代和反替代会显著影响中国货币供给，从而降低货币政策独立性[72]。孙华妤和马跃（2015）考察了1996—2012 年中国货币政策的独立性，研究发现，人民币对美元升值是货币供给增加的长期因素，而中国利率相对美国利率上升则仅在浮动汇率时期是中国货币供给增加的长期因素。因而，人民币对美元单边升值导致中国货币政策的独立性被削弱[96]。

另一种观点是中国货币政策独立性没有受到显著影响。和萍（2006）[76]和 Cheung、Tam 和 Yin（2007）[17]发现美国利率并没有对中国利率产生显著的影响。金山（2009）利用协整分析方法和 VAR 模型对中国货币政策的独立性进行系统研究，得出结论：在现有汇率制度框架内，虽然我国利率对美国利率具有一定的敏感性，但是与采取浮动汇率制度的东亚其他国家相比，我国货币政策却具有较高的独立性[82]。范从来和赵永清（2009）[69]、孙华妤（2006）[97]、孙华妤（2007）[98]通过建立中国产出、物价水平、货币供应量以及美国利率的 ECM 模型，并运用格兰杰因果检验分析外汇储备与各层次货币供应量的关系，结果显示中国货币供应量并没有对滞后的美国利率变化作出显著调整，同时外汇储备变动也不是货币供应量变动的格兰杰原因，说明在传统盯住美元汇率制度下中国并未失去货币政策自主性。王三兴和王永中（2011）采用 OLS、TSLS 和递归 SVAR 模型分析国际利率和外汇储备增加对本国利率的影响，实证结果表明国际利率和外汇储备增加并未对本国利率产生显著影响，本国货币政策具有独立性[107]。卫迎春和邹舒（2012）利用 Ordered Probit 模型分析了中国货币政策相对于美国货币政策的独立性，得出结论 1998—2011 年，以存贷款基准利率和存款准备金率衡量的中国货币政策基本保持了独立性。对比两个汇率制度不同时段的货币政策独立性，发现汇率更为浮动时，货币政策独立性反而有所削弱[109]。

通过对比已有研究对货币政策独立性的衡量方法和研究结果，发现一个粗略的规律，当以货币供给是否受到影响来衡量货币政策独立性时，已有文献得出的结论是中国货币政策独立性受到影响，主要理由是中国国际收支双顺差造成外汇储备持续增加，进而导致本国基础货币供应被动增加（法文宗，2010；蒋志芬，2008；谈正达，2012；吴晓灵，2007；杨艳林，2012；张明，2012；）[68,81,101,110,120,128]；当以利率是否受到影响来衡量货币政策独立性时，已有文献得出的结论是中国货币政策没有受到显著影响（Cheung et al.，2007；和萍，2006；金山，2009；王三兴和王永中，2011；卫迎春和邹舒，2012）[17,76,82,107,109]。中国利率政策保持相对较高的独立性，原因可能是长期以来中国利率并未完全实现市场化，利率市场存在管制，同时中国还具有资本管制，因而利率政策保持了一定独立性。胡再勇（2010）分析 2005 年汇率制度改革前后货币自主性的变化，他发现汇率制度改革后，利率政策自主性增强，数量型货币政策工具由具有独立性转为缺乏独立性[77]。由此可见，价格型货币政策工具和数量型货币政策工具的独立性的确有一定差异。除基础货币和利率以外，存款准备金率、贴现率等也是央行的货币政策工具，在全面考虑所有货币政策工具的情况下，汇率制度选择对中国货币政策独立性的影响有待于进一步分析。

2.2.4　外部经济因素①和中国经济基本面的联系

外部经济因素对中国经济基本面的影响，主要通过三个渠道：一是中国国际收支失衡直接影响中国的净出口；二是中国国际收支失衡或国外货币政策影响了中国货币政策，进而对中国国内经济产生影响，这是中国货币政策缺乏独立性带来的影响；三是强经济体国家的国外货币政策通过影响本国国内的经济基本面和国际经济形势进而影响中国经济基本面。

在讨论中国货币政策独立性时，已有文献主要集中于探索中国货币政策是否具有对外独立性及其容易受到哪些因素的影响，涉及宏观经济基本面的文献较少，只有少部分文献涉及通货膨胀。因而，有必要通过理论和实证分析探究国外货币政策和国际收支失衡对中国经济基本面的影响。

货币政策独立性与宏观经济基本面存在密切联系。Aizenman et al.（2011）实证分析了亚洲经济体不可能三角假说指数对宏观经济的影响。他们认为货币政策独立性的提升有助于减小产出的波动性；汇率越稳定，产出波动性越大，但是高外汇储备有助于缓解这一问题。货币政策独立性越强，通货膨胀会越高；汇率稳定性增强有助于降低通货膨胀[2]。Garg（2015）指出货币政策独立性（采用与"基准国"利率相关性衡量）能够有效降低通货膨胀[33]。Majumder 和 Nag（2017）分析印度的汇率稳定性、金融开放和货币政策独立性和宏观经济基本面的关系，他们发现汇率稳定和金融开放有助于促进经济增长，货币政策独立性能够保持国内物价水平的稳定[49]。肖卫国和兰晓梅（2017）利用 TVP – VAR 模型研2008 年以后美国货币政策对中国经济的外溢性，他们认为美联储加息、缩减资产负债规模通过利率渠道、跨境资本流动渠道和汇率渠道，对中

---

①　除特殊说明以外，本书中的外部经济因素特指强经济体国家货币政策和中国国际收支失衡状态。

国通货膨胀、产出、房地产市场以及股票市场均产生了显著影响[115]。

强经济体的货币政策可以影响本国国内的经济基本面和国际经济形势进而影响中国经济基本面。吴宏和刘威（2009）认为美国货币政策可以通过价格机制对世界各国经济产生不同程度的影响，并且这种影响会即时地反映到各国的物价指数水平上，从而对世界各国的宏观经济产生较强的同步效应[112]。何彦清（2017）通过建立 VAR 模型分析美国利率政策对中国经济的影响，他认为美国利率调整对中国利率政策和货币供应的影响并不是十分显著，但是美国利率上升会导致中国出现通货膨胀[75]。何国华和彭意（2014）通过 SVAR 模型分析美国和日本货币政策对中国经济的影响，他们发现美国货币政策会对中国通货膨胀和人民币汇率产生显著影响，而日本货币政策会对中国的进出口产生显著影响[73]。

2.3　本章小结

通过对蒙代尔—弗莱明模型、不可能三角假说、两难选择的思想进行梳理，总结得出结论分别是：在蒙代尔—弗莱明模型中浮动汇率制度可以保证数量型货币政策的独立性，原因是浮动汇率制下央行不用干预外汇市场，扩张性货币政策会引发本币贬值；不可能三角假说认为浮动汇率制度可以保证利率货币政策的独立性，理由是在汇率存在波动的情况下，本国利率不等于国际利率也可满足无抛补利率平价；两难选择认为浮动汇率制度并不能保证货币政策的独立性，理由是在金融全球化背景下，跨境资本流动规模日益增大，非中心国家的开放经济体容易受到全球金融周期的影响，一国无论实行何种汇率制度，其货币政策环境（包括利率、信贷等）和经济形势都可能受到中心国家货币政策的影响。

从结论来看，表面上，蒙代尔—弗莱明模型和不可能三角假说与两难选择存在矛盾，实际上，以上三种理论对货币政策独立性的定义、汇率制度分类、采用的理论基础和研究方法存在不同之处是它们得出不同结论的主要原因，如表2.2所示。因而，不能简单地认为上述三种理论存在矛盾，在运用以上理论解释现实情况时，需要判断现实经济情况是否属于该理论分析的范畴。

表 2.2　　　　　　　　关于货币政策独立性的论述对比

模型	定义	汇率制度	方法	结论（现存观点）	结论（本书观点）
蒙代尔—弗莱明模型	央行主动实施的数量型货币政策	事实上的自由浮动汇率制	IS－LM－BP模型	在资本自由流动、固定汇率制下，货币政策不独立；在浮动汇率制下，货币政策独立。	当资本自由流动时，在固定汇率制下，央行主动实行的数量型货币政策不独立，不会对产出造成影响；而在浮动汇率制下，央行主动实施的数量型货币政策独立，进而能够有效促进产出增加。
不可能三角假说	国内外利率的相关性	事实上的自由浮动汇率制	构建三元悖论指数	固定汇率制、资本自由流动和货币政策独立三者不能兼得，只能取其二。	在资本自由流动的情况下，固定汇率制国家的利率政策显著受到国外利率的影响；而浮动汇率制国家的利率政策能独立于国外利率水平。
两难选择	广义的货币政策环境（包括利率、信贷环境）	名义浮动汇率制	向量自回归模型，国外利率对国内经济、货币政策变量的影响	资本自由流动情况下，货币政策独立性必然受到影响。	在金融全球化背景下，非中心国家的开放经济体容易受到全球金融周期的影响，无论一国实行何种汇率制度，其货币政策环境（包括利率、信贷等）和经济形势都可能受到中心国家货币政策的影响，资本账户开放和独立的货币政策存在两难选择。

在已有理论基础上，学界对汇率制度选择和货币政策独立性之间的关系进行了大量讨论。在梳理已有文献的基础上，本章得出三点结论：第一，已有文献对汇率制度和货币政策独立性之间的关系的看法普遍存在分歧。一种观点认为汇率制度更加弹性化会增强货币政策独立性；另

一种观点认为在资本账户开放的情况下，汇率制度弹性增加不会增强货币政策的独立性。第二，已有文献拓展了货币政策独立性的影响因素范围，除汇率制度和资本账户开放程度以外，货币政策独立性还会受到国际收支失衡的影响。但是少有研究把汇率制度、资本账户开放和国际收支失衡三者统一纳入一个理论分析框架。第三，已有文献对中国货币政策独立性有不同的衡量方法，衡量方法为有关数量型货币政策的文献普遍认为中国货币政策不具有独立性；把利率作为独立性指标的文献大多认为中国货币政策具有独立性。因而，汇率制度选择对中国货币政策独立性的影响尚未形成统一结论。

在现有文献的观点存在分歧的情况下，人民币汇率制度选择对中国货币政策独立性的影响值得进一步深入研究。本书将从以下六个方面进行改进。

（1）根据中国采用多种货币政策工具特征，全面考察中国货币政策独立性。已有文献在衡量中国是否具备货币政策独立性时，一般是采用货币供应量或利率来考察中国货币政策是否具有独立性。但中国的实际情况是中国货币政策的政策工具以数量型工具为主，价格型工具为辅。因而，考察中国货币政策的独立性，应该采用能够兼顾货币供应量、利率和存款准备金率等多种货币政策工具变化的因子分析法，提取综合代表中国货币政策的因子，以全面反映中国货币政策的变化。

（2）在蒙代尔—弗莱明模型和不可能三角假说的基础上，加入结构性国际收支失衡因素，构建一个新的理论分析框架。汇率制度、资本账户开放和国际收支失衡都会对货币政策独立性产生影响。然而，以不可能三角假说为理论基础的文献大多仅考虑汇率制度和资本账户开放，在分析过程中难免会产生遗漏变量问题。忽略关键变量的分析结果很可能会产生偏误。为避免遗漏变量带来的偏误，本书建立一个理论分析框架纳入各种货币政策独立性的主要影响因素，厘清它们之间的内在联系，并构建计量模型进行实证分析。

（3）深入分析中间汇率制度对中国货币政策独立性的影响机制。中国长期实行中间汇率制度，如有管理的浮动汇率制。现存关于中间汇率制对货币政策独立性的影响是从两极汇率制度模型中延伸出来的。然而，中间汇率制度有一定的特殊性。在中间汇率制度下，公众对汇率的变化有着不稳定预期，这会给外汇市场带来不稳定性，进而可能给央行干预外汇市场带来更大的压力。

（4）探索中国事实上的汇率制度的变化。两难选择得出浮动汇率制国家也会受到美国货币政策的影响，一个重要原因就是该国存在浮动恐惧，即该国事实上实行的是有管理的浮动汇率制。因而，名义上的汇率制度弹性增加不会增强货币政策的独立性，事实上的人民币汇率制度变化才会导致中国货币政策独立性发生变化。

（5）采用时变参数向量自回归模型分析不同汇率制度下，中国货币政策独立性发生的变化。已有文献在讨论中国货币政策独立性时，未考虑时间因素。1994—2015 年，人民币汇率制度经历了数次变化，如 2005 年 7 月，人民币汇率制度由单一盯住美元制转变为参考一篮子货币调节的有管理的浮动汇率制；资本账户的开放程度也在变化，例如，引入 QFII 和 QDII 等证券市场开放进程。[①] 与此同时，美国和欧元区货币政策、国际收支失衡规模和外汇冲销干预政策等因素也在不断变化。随着以上因素的变化，不难想象中国货币政策的独立性会随着时间的变化而变化，在进行实证分析时，必须考虑时间因素，时变向量自回归模型可以很好地解决这一问题。

（6）全面分析外部经济因素对中国货币政策、实体经济和金融市场的影响。一个规范的货币政策分析模型应该包括实体经济、金融市场和货币政策三个维度的变量。本书将利用一系列的实体经济指标和金融市场指标，采用因子分析法，分别提取出实体经济因子和金融市场因子。在分析外部经济因素对中国产生的影响时，综合考虑外部经济因素对中国实体经济和金融市场的影响。

---

① 详情可参考 IMF 公布的《汇兑安排与汇兑限制年报》（*Annual Report on Exchange Arrangements and Exchange Restrictions*）。

第3章 汇率制度选择对
货币政策独立性的影响：理论解释

通过对已有文献进行分析，发现已有研究在分析汇率制度选择对中国货币政策独立性的影响时，大多是以不可能三角假说或两难选择作为理论基础（范小云等，2015；金山，2009；汪洋，2009；王珊珊和黄梅波，2014；谢平和张晓朴，2002）[70,81,104,108,117]。中国经济情况具有中国特色，例如中国国际收支长期保持顺差、多货币政策工具框架、实行中间汇率制度等。因此，研究人民币汇率制度选择对中国货币政策独立性的影响，不能简单套用不可能三角假说或是两难选择。

本书认为分析汇率制度选择对货币政策独立性的影响机制时，应当建立一个包含汇率制度选择、资本账户开放、国际收支失衡和货币政策独立性的理论分析框架。本章的主要内容是在蒙代尔—弗莱明模型和不可能三角假说的理论逻辑基础上分别构建固定汇率制、中间汇率制和浮动汇率制下国际收支失衡和美国货币政策对中国货币政策影响的理论分析框架。需要说明的是，以上三种汇率制度都是依据事实上的汇率制度进行分类。

本书构建的理论分析框架和现有理论的区别主要表现在以下三个方面。

（1）详细分析国外货币政策和结构性国际收支失衡对利率政策和数量型货币政策的影响机制。对于国外货币政策对中国货币政策的影响，大部分文献主要分析其对本国利率政策的影响，实际上，国外货币政策变动会引起国内跨境资本流动，从而影响国际收支状况。在固定汇率制和中间汇率制下，国外货币政策会对数量型货币政策产生影响。对于国际收支失衡对货币政策独立性的影响，大部分文献主要分析非浮动汇率制下，国际收支失衡引发外汇储备变动，进而对货币供给的影响。实际上，外汇储备变动对本国利率同样存在影响。汇率制度是国际收支顺差长期存在的制度性因素。因此，在考虑汇率制度对货币政策独立性影响时，需要把这个影响包括进去。

（2）深入分析中间汇率制度下中国货币政策的独立性。蒙代尔—弗莱明模型和不可能三角假说分析的是两极汇率制度（完全固定汇率制和完全浮动汇率制）下的货币政策独立性，没有详细分析中间汇率制度①对货币政策独立性的影响机制。在中间汇率制度下，公众对汇率的预期具有不确定性，进而会对外汇市场产生重要影响。因此，需要单独分析中间汇率制度对货币政策独立性的影响。

（3）理论分析框架中明确区分利率政策和数量型货币政策的独立性。已有文献在对货币政策独立性进行理论分析时，并不会明确把数量型货币政策和利率政策区分开来。数量型货币政策和利率政策具有相关性，货币供应量增加，利率会有下行压力。但是，实际上数量型货币政策和利率政策的独立性具有一定差异，两者在受到外部经济因素冲击时会有不同的反应，分别分析两种货币政策工具的独立性是非常有必要的。理愈明而用愈广，本章将在理论框架下分别深入分析两类货币政策工具的独立性，力图全面、细致地解释汇率制度选择对中国货币政策独立性的影响。

本章主要分析以下两个问题：（1）中国国际收支失衡和美国货币政策对中国货币政策的影响机制；（2）从理论上分析，人民币汇率制度选择对中国货币政策独立性的影响。

为直观了解人民币汇率制度对中国货币政策独立性的影响，本书的理论框架以中美两国为例。虽然理论框架是以中美两国为例，但是该理论框架的适用范围不仅仅限于美国货币政策对中国货币政策的影响，同样适用于中心国家货币政策对具有结构性国际收支失衡国家的货币政策影响。

---

① 中间汇率制度指除美元化、货币局和自由浮动汇率制以外的汇率制度，包括有管理的浮动汇率制、爬行盯住汇率制、水平区间盯住汇率制等。

3.1 固定汇率制下中国货币政策的独立性

考虑中国的现实经济情况，统一假设资本账户处于一个半开放的状态。① 为分析固定汇率制下中国货币政策的独立性，先分析国际收支失衡和美国货币政策对中国货币政策的影响机制。在此基础上，根据蒙代尔—弗莱明模型的理论逻辑分析中国央行实施固定汇率制时，美联储利率变化和中国国际收支失衡对中国货币政策、实体经济和金融市场的影响。

3.1.1 外部经济因素对中国货币政策的影响②

随着中国经济不断对外开放，中国货币政策会受到美国货币政策和国际收支失衡的影响。简单来说，在固定汇率制下、当存在一定资本流动时，美国利率上升会引发中国跨境资本外流，在不考虑其他因素的情况下，资本外流会导致国际收支赤字，本币有贬值压力。一方面，中国会在外汇市场上进行干预，买进人民币卖出美元以维持汇率稳定，从而对数量型货币政策产生影响；另一方面，中国会提高本国利率以减轻资本外流的压力。在固定汇率制下，国际收支失衡带来的直接影响是外汇储备变化。在不完全冲销的情况下，外汇储备变化会引起基础货币供应产生相应变化。在外汇储备变化造成货币供求关系产生变化后，本国利率水平也会发生变化。因此，美国货币政策和国际收支失衡对货币供应和利率政策都有可能产生显著影响。

3.1.1.1 数量型货币政策

美国货币政策对数量型货币政策的影响机制是美国货币政策调整影响了国内外利率差，进而使国际收支出现盈余或赤字。美国货币政策对中国数量型货币政策的影响是通过影响国际收支状态，进而影响外汇储

---

① 资本账户半开放指资本账户开放了部分项目，允许跨境资本流动，但是仍然存在资本管制。

② 此处详细分析了在固定汇率制度下，外部经济因素对中国货币政策的影响。在中间汇率制下，外部经济因素对中国货币政策有着类似的影响机制，后文不再做重复分析。

备和货币供应的变动。为此，本书主要分析国际收支失衡对数量型货币政策的影响。

　　国际收支失衡对数量型货币政策独立性的直观传导渠道如下：若一国实行固定汇率制度，在国际收支不平衡状态下，央行需要在外汇市场进行干预，从而导致本国基础货币产生变化，即数量型货币政策的独立性受到影响；倘若一国实行中间汇率制度，在国际收支不平衡状态下，央行同样需要在外汇市场进行干预，一般而言，干预的力度会比固定汇率制下更小；倘若一国实行浮动汇率制度，那么国际收支的不平衡会引发本币汇率的变化。不同汇率制下，国际收支失衡造成外汇储备的上升幅度有所不同。这正是区别不同汇率制度下，国际收支失衡对数量型货币政策影响的关键。

　　为理解外汇储备变化对国内货币供应量的影响，本书借助商业银行体系、央行和整个银行体系的资产负债表进行分析（见表 3.1、表 3.2 和表 3.3）。

表 3.1　　　　　　　　　　简化的央行资产负债表

资产	负债
外汇储备 央行对银行的贷款 政府债券和财政借款	流通现金和金库现金 商业银行及其他存款机构准备金存款 政府存款

表 3.2　　　　　　　　　　商业银行体系资产负债表

资产	负债
对公众的贷款 对政府的债权 在央行的存款 金库现金	公众存款 从央行借款

　　冲销银行体系内部的交易，上述两张表结合起来可得到整个银行体系的资产负债表，如表 3.3 所示。

表 3. 3 整个银行体系资产负债表

资产	负债
对公众的贷款 对政府的债权 外汇储备	公众存款 流通现金

由整个银行体系的资产负债表可得,广义货币供应量的变动值(ΔM_2)等于政府赤字($PSBR$)、银行体系新增对公众贷款(ΔBLP)和新增外汇储备(ΔRes)之和减去新增政府债券($\Delta bonds$)。

$$\Delta M_2 = PSBR - \Delta bonds + \Delta BLP + \Delta Res \qquad (3-1)$$

$PSBR - \Delta bonds$ 可以看做是银行体系对政府部门的贷款。国内总信贷 ΔD 等于银行体系对政府部门和公众贷款之和,即 $PSBR - \Delta bonds + \Delta BLP$。因而,广义货币供应量的变动值等于国内总信贷变动值和外汇储备变动值之和。

在存在国际收支逆差的情况下,央行会在外汇市场上买进本币卖出外汇,以维持汇率稳定。外汇储备减少会造成国内货币供应减少,进而产生紧缩性数量型货币政策效应。

在存在国际收支顺差的情况下,央行干预外汇市场,维持汇率稳定导致国内货币供给内生化。若外汇储备增加量过多,央行会实行冲销政策抵消外汇储备扩张带来的货币供给扩张。外汇冲销政策会导致国内信贷出现相应变化,假设国内信贷的变化只是为了对冲外汇储备增加对国内货币供应产生的影响①。若外汇冲销系数是 φ,则 $\Delta D = \varphi \Delta Res$。国内货币供给的变化等于

$$\Delta M_2 = \Delta D + \Delta Res = (1 + \varphi)\Delta Res \qquad (3-2)$$

式(3-2)表明,外汇储备变动对国内货币供给会产生影响,具体影响程度还需看外汇冲销政策的力度。当存在冲销时,外汇储备的变动不再会导致基础货币供给的等量变动。一般来说,φ 的取值范围为 [-1, 0]。

---

① 本书试图突出外汇储备对货币供应的影响,因而作出了严格的假设,在现实经济情况中,国内信贷的变动并不只是为了冲销外汇储备的变化。

当 $\varphi = 0$ 时，表明央行完全没有进行冲销干预；当 $\varphi = -1$ 时，表明央行完全冲销，外汇储备变动对国内货币变动无影响。

冲销干预能够减小国际收支失衡和美国货币政策对货币供应产生的影响。现实经济运行中，冲销干预有很多方式，如发行央行票据、提高准备金率等。央行的冲销操作能够在一定程度上隔绝外汇储备变动和基础货币供应之间的联系。冲销政策对国内货币政策的影响依据采用冲销工具不同而不一样，如采用提高存款准备金率进行冲销，那么冲销政策会造成国内货币政策收紧。在央行进行冲销干预的情况下，国际收支双顺差对国内货币政策的影响还需根据冲销工具和冲销力度进行判断。

3.1.1.2 利率政策

美国货币政策和中国国际收支失衡同样会对利率政策产生影响。国际收支失衡对利率政策的影响逻辑如下：在固定汇率制下，国际收支失衡会引起外汇储备产生相应变化，外汇储备变化又会引起国内货币供应的变化。利率是国内货币供应的函数，因而会受到外汇储备变动的影响。无抛补利率平价（Uncovered Interest Rate Parity，UIRP）认为在资本账户开放的条件下，国外利率变动会引发国际资本流动，一国需要调整本国利率或汇率产生相应的变化才能恢复国际收支平衡，因而，本国利率是国外利率和本币汇率变动的函数。在开放经济条件下，国外货币政策和国际收支失衡对本国利率政策的直接影响可以用以下理论进行刻画。

Edwards 和 Khan（1985）分析了在封闭、完全开放和半开放条件下利率决定的理论框架[23]。Cavoli（2007）在 Edwards 和 Khan（1985）的基础上，引入外汇冲销因素[15]。本书在以上两个理论模型的基础上再加入实体经济和金融市场对货币需求和利率的影响，再分析国外货币政策和外汇储备变化对利率政策的影响。

中国央行指出中国货币政策的目标包括维持币值稳定，促进经济增长和国内金融稳定。因而，影响中国利率的因素主要有货币供求关系、通货膨胀预期和国内实体经济和金融市场的状态。假如中国处于一个完全封闭的状态，那么它的利率决定方程可写成

$$i_t = \rho - \gamma_1 (\log M_t - \log M_t^d) + \pi_{t+1}^e + \gamma_2 R + \gamma_3 F \qquad (3-3)$$

其中，i 是国内名义利率，ρ 是长期均衡的实际利率，γ 是本国利率对货币供给和货币需求差额的调整系数，M_t 是货币供给，M_t^d 是货币需求，π_{t+1}^e 是通货膨胀预期。R 和 F 分别代表实体经济和金融市场，γ_2、γ_3 是本国利率对两者的调整系数。

假如一个经济体是完全开放的，那么它满足无抛补利率平价。

$$i_t = i_t^f + \tau_t \qquad (3-4)$$

i_t^f 是基准国利率，τ_t 是本币对外币的升贴水率。在固定汇率制下，τ_t 等于 0；在非固定汇率制下，τ_t 不等于 0。

假如一个经济体对外开放，但同时存在部分的资本管制，那么它的利率决定方程可写成

$$i_t = (1-\theta)\left[\rho - \gamma_1(\ln M_t - \ln M_t^d) + \pi_{t+1}^e \gamma_2 R + \gamma_3 F\right] + \theta(i_t^f + \tau_t)$$

$$(3-5)$$

Edwards 和 Khan（1985）认为货币需求是受物价（p_t）、通货膨胀预期（π_{t+1}^e）、产出（y_t）和上期货币供给（m_{t-1}）的影响。随着金融市场的不断发展，金融市场同样对货币需求有着显著影响（解祥优和李婧，2016；伍志文，2002）[86,114]。将物价和产出综合看做是实体经济因素，并考虑金融市场对货币需求的影响，货币需求的表达式可写成

$$m_t^d = -\alpha_1(\rho + \pi_{t+1}^e) + \alpha_2 R_t + \alpha_3 F_t + \alpha_4 m_{t-1} \qquad (3-6)$$

其中，小写字母表示变量的对数值，如 $m_t^d = \log M_t^d$。

前文分析了货币供应、外汇储备和外汇冲销政策的关系，如式（3-2）所示。

式（3-2）可写为

$$\frac{M_t - M_{t-1}}{M_{t-1}} = (1+\varphi)\frac{Res_t - Res_{t-1}}{Res_{t-1}} \times \frac{Res_{t-1}}{M_{t-1}} \qquad (3-7)$$

当 M 变动较小时，$\dfrac{M_t - M_{t-1}}{M_{t-1}}$ 可近似认为等于 $\ln M_t - \ln M_{t-1}$。

式（3-7）可变为

$$\Delta m = (1+\varphi)\delta\Delta r \qquad (3-8)$$

当期货币供给等于当期货币供给变化加上一期的货币供给，即

$$m_t = \Delta m + m_{t-1} \qquad (3-9)$$

把式（3-8）代入式（3-9）可得

$$m_t = (1 + \varphi)\delta\Delta r + m_{t-1} \qquad (3-10)$$

其中，$\delta = \dfrac{R_{t-1}}{M_{t-1}}$。

式（3-6）和式（3-10）代入式（3-5）中，可得

$$i_t = \beta_0 + \beta_1 i_t^f + \beta_2 \tau_t - \beta_3\Delta r - \beta_4 m_{t-1} + \beta_5 \pi_{t+1}^e + \beta_6 R_t + \beta_7 F_t \qquad (3-11)$$

其中，

$$\beta_0 = (1 - \theta)(1 - \gamma_1 \alpha_1)\rho$$
$$\beta_1 = \beta_2 = \theta$$
$$\beta_3 = (1 - \theta)\gamma_1(1 + \varphi)\delta$$
$$\beta_4 = (1 - \theta)(\gamma_1 - \gamma_1 \alpha_3)$$
$$\beta_5 = (1 - \theta)(1 - \gamma_1 \alpha_1)$$
$$\beta_6 = (1 - \theta)(\gamma_1 \alpha_2 + \gamma_2)$$
$$\beta_7 = (1 - \theta)(\gamma_1 \alpha_3 + \gamma_3) \qquad (3-12)$$

式（3-11）表明，外汇储备变化对本国利率存在负向影响，冲销系数 φ 越低（即冲销力度越大），影响越小，当完全冲销时，$\varphi = -1$，$\beta_2 = 0$，外汇储备变动对本国利率无影响。经济开放程度越高，即 θ 值越大，外汇储备对本国利率的影响就越低。上一期外汇储备占上一期货币供应的比例 δ 越大，外汇储备对本国利率的影响越大。当本国利率对货币供求的偏差越敏感时，γ_1 值越大，外汇储备对本国利率的影响越大。

2000—2017 年，中国积累了巨额的外汇储备，在国际收支双顺差格局下，外汇储备激增，按照式（3-11），可以判断中国利率水平会有明显下跌的趋势。然而，中国的基准利率水平却一直处于一个较为稳定的状态。这其中有多方面的原因，例如，中国利率存在较为严格的管制，央行的基准利率水平一直维持在一个稳定的状态；中国实施了外汇冲销政策；中国央行基准利率对货币供求的敏感系数不高等。因此，外汇储备增加会对中国利率产生下行的压力，但是央行并不一定会下调央行的基准利率。

理论模型显示，国外利率政策对本国利率存在正向影响。经济体开放程度越高，国外利率政策对本国利率影响越大；经济体开放程度越低，国外利率政策对本国利率影响越小，本国利率主要受到国内因素的影响。

式（3 – 11）表明，本国利率还会受到通货膨胀预期、实体经济、金融市场和国内货币供应的影响。它们对利率影响的大小取决于经济开放程度和利率对货币供求的敏感系数等。

在不考虑其他因素变动的情况下，美国货币政策和国际收支失衡对中国数量型货币政策和利率政策的影响可总结为表 3.4。

表 3.4　外部经济因素对中国数量型货币政策的影响（固定汇率制）

外部经济因素变化	数量型货币政策	利率政策
美国利率上升（国际收支最初为平衡状态）	货币供应减少	中国利率上升
美国利率下降（国际收支最初为平衡状态）	货币供应增加	中国利率下降
国际收支有结构性顺差	货币供应增加	中国利率有下行压力
国际收支有结构性逆差	货币供应减少	中国利率有上行压力

3.1.2　中国货币政策独立性的理论分析框架

前一小节在蒙代尔—弗莱明模型和无抛补利率平价的基础上分析了国际收支失衡和美国货币政策对中国数量型货币政策和利率政策的影响。但是，在分析过程中并没有把两者结合在同一个理论框架中分析在不同汇率制度下，两者对中国货币政策的影响。

蒙代尔—弗莱明模型描述央行扩张性货币政策失效的重要原因是，扩张性货币政策导致利率下行，从而产生资本流出。资本流出引发的国际收支赤字会导致央行必须在外汇市场中干预，从而具有反向的紧缩性货币政策效应。倘若一国的国际收支不会因为扩张性货币数量政策而导致国际收支赤字，那么固定汇率制下，扩张性货币政策不再是不独立的。

本书以固定汇率制下央行在公开市场买进有价证券并存在国际收支顺差的情形为例。

从图 3.1 可看出，在固定汇率制下，有结构性国际收支顺差时，央行执行的扩张性货币政策是独立有效的，并且会产生额外的扩张性货币政

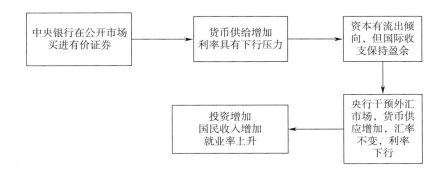

图 3.1　固定汇率制下央行扩张性货币政策效应（国际收支顺差）

策效应。

　　不可能三角理论中，在固定汇率制下，国外利率上升（下降），国内资本流出（流入）会增加，产生国际收支赤字（盈余），央行为避免本币贬值（升值）要上调（下调）本国利率。当国际收支并不会随国外利率的调整而发生显著变化，而是由本国的贸易结构和吸引外资政策来决定时，国际利率的变动不会对本国利率造成显著影响。具体影响机制见图 3.2。

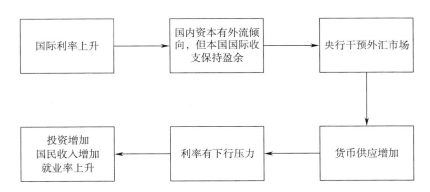

图 3.2　固定汇率制下国际利率上升对国内货币政策的影响（国际收支顺差）

　　固定汇率制下，国外利率上升，国内存在一定资本外流的压力，但是国际收支有结构性顺差，本币相对美元没有贬值压力，反而有升值压力，央行在外汇市场进行干预，买进外汇，投放本币。在不完全冲销的情况下，国内货币供应增加，对本国利率造成一定的下行压力，从而带来投资增加，国民收入上升。在存在国际收支顺差的情况下，本国利率

49

不会受到国际利率的显著影响，而是更多地受到国际收支失衡给利率带来的下行压力。因而，国内的利率政策能够相对于国际利率保持独立，但是会受到国际收支失衡的影响。

上述分析表明，当国际收支处于结构性失衡状态时，实际货币政策独立性和蒙代尔—弗莱明模型以及不可能三角假说所描述的货币政策独立性状态会有所不同。国际收支失衡结合蒙代尔—弗莱明模型和不可能三角假说的理论逻辑可以更好地分析美国货币政策冲击对中国货币政策独立性的实际影响。

假定资本处于半开放的状态并且其他因素不变。美国货币政策的调整分成上调利率和下调利率。其中，美联储下调联邦基金利率又分为两种情况，一种是常规性的小幅下调利率，另一种是危机时期美联储使用非常规货币政策手段，大幅下调利率水平，甚至降至零利率状态。例如，2008 年以后，美国在维持名义利率接近于零水平的情况下，实施了三轮量化宽松货币政策，美国实际利率要小于零。本书分别考虑不同情形下，外部经济因素对中国货币政策的影响。

情形一：美联储上调联邦基金利率

美联储上调联邦基金利率，市场对美元资产需求上升，中国有一定的资本外流的压力。中国对外贸易中加工贸易占比很大，中国经常项目持续有着较大规模的顺差。中国具有外国直接投资（FDI）优惠政策，在资本与金融项目下，有较大规模的 FDI 流入。因此，美国利率上升不一定会引发中国国际收支出现逆差。若中国资本净流出规模小于经常项目顺差的规模，国际收支保持顺差，那么，中国外汇市场上美元资产供过于求，人民币有升值压力。在固定汇率制下，中国央行会在外汇市场上买进美元、投放人民币，进而外汇储备增加。在央行不进行完全冲销的情况下，国内货币供应增加。短期内，国内物价上涨，产出增加，资产价格上涨。此时，中国央行可以不用上调本国利率以减缓资本流出。中国央行可以根据本国的经济形势来决定利率的变动，若经济过热，上调本国利率；若经济运行平稳，维持本国利率不变；若经济过冷，下调本国利率。在中国国际收支存在结构性顺差的情况下，美国的紧缩性货币政策不会对中国货币政策和经济产生显著的外溢性。中国货币政策、实体经济和金融市场主要受到国际收支失衡的影响。

若美国上调联邦基金利率引起中国出现大规模资本外流，甚至国际收支出现逆差，或者中国本来便具有结构性国际收支逆差。中国外汇市场上美元资产供小于求，美元相对于人民币升值，人民币有贬值压力。一方面，为维持人民币汇率稳定，中国央行要在外汇市场上买进人民币投放美元。这就造成中国外汇储备缩水，货币供应减少。另一方面，为了抑制资本流出的意愿，中国央行会上调利率。最终，国内物价下降，产出减少。因而，美国上调利率造成中国国际收支赤字时，会对中国经济环境产生显著的紧缩性效应。美国利率上升对中国经济环境的影响如图 3.3 所示。

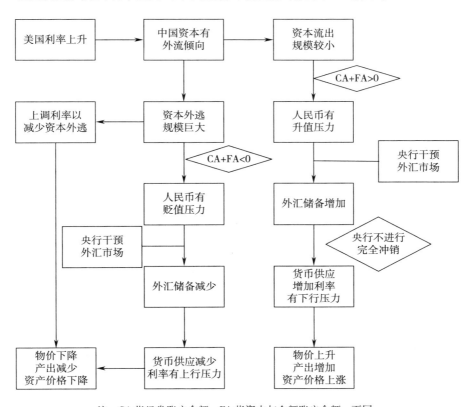

注：CA 指经常账户余额，FA 指资本与金额账户余额，下同。

图 3.3　固定汇率制下美国利率上升对中国货币政策独立性的影响机制

情形二：美联储常规性下调联邦基金利率

当美联储常规性下调利率时，美元资产收益率下降，市场对美元资产的需求下降，国际资本会有意愿流入中国。当中国本来就有结构性国际收支顺差时，更多的资本流入会扩大中国国际收支顺差规模，若国际收支顺差规模过大，让央行干预外汇市场的压力太大，外汇储备大幅增加，中国央行会下调利率，以减轻资本流入的压力。同时，为了维持人民币汇率稳定，中国央行会在外汇市场上买进美元、投放人民币，外汇储备增加。在央行不进行完全冲销的情况下，中国国内货币供应增加，也会对本国利率造成下行压力。在货币供应增加和利率下调的双重宽松货币政策环境下，中国物价上涨，产出增加，资产价格上涨。在此情况下，美国扩张性货币政策对中国货币政策、实体经济和金融市场产生了正向影响。

若国际收支顺差的规模不大，中国央行不用为减少资本流入而下调本国利率。为了维持人民币汇率稳定，中国央行会在外汇市场上买进美元、投放人民币，进而外汇储备增加。在央行不进行完全冲销的情况下，中国国内货币供应增加，对本国利率造成一定下行压力[1]。在货币供应增加的情况下，中国物价上涨，产出增加，资产价格上涨，但是各变量的调整幅度会比在国际收支顺差规模很大的情况更小。

当美联储常规性下调联邦基金利率，中国国际收支存在结构性逆差时，中国可以不用为减少资本流入而下调本国利率。在固定汇率制下，中国央行会在外汇市场上买进人民币投放美元，进而外汇储备减少。在央行不采取完全冲销操作的情况下，中国国内货币供应减少，对本国利率造成上行压力。在货币供应紧缩的情况下，中国物价下降，产出减少，资产价格下降。美国货币政策没有对中国货币政策、实体经济和金融市场产生显著影响，中国宏观经济政策更多的是受到本国国际收支逆差的影响。在此情况下，中国的利率政策可以根据本国的经济形势进行调整。美国利率上升对中国经济环境的影响如图3.4所示。

---

[1]　长期以来，中国央行对利率有较为严格的管制。因此，在有些情况下，中国货币供应上升不会对利率产生显著影响。

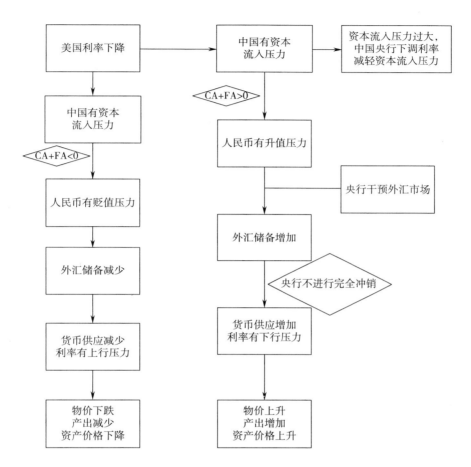

图 3.4　固定汇率制下美国利率下降对中国货币政策独立性的影响机制

情形三：美国实施量化宽松货币政策

当美国经济发生危机，美联储迅速下调本国利率并实施量化宽松货币政策时，中国可能会面临大规模的"热钱"涌入。在此情况下，中国最明智的选择是下调本国利率并加强资本管制以减小"热钱"流入规模。中国下调利率可以降低大量"热钱"涌入国内催生资产泡沫的风险，并且减轻人民币升值和央行干预外汇市场的压力。美国是全球第一大经济体，与中国有着密切的贸易金融联系，美国发生金融危机会直接影响到中国的实体经济和金融市场，在本国实体经济和金融市场有下行压力时，中国央行理应实行宽松的货币政策以支持实体经济增长和稳定金融市场。因此，在国际金融危机期间，中国货币政策会显著受到美国货币政策的冲击。中国国内的实体经济和金融市场可能会受到美国经济不景气的影响而表现出低迷的状态，也有可能受到国内扩张性货币政策的影响而表现出较好的状态（见图3.5）。

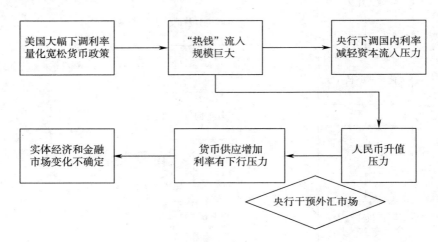

图3.5 固定汇率制下量化宽松货币政策对中国经济环境的影响

基于上述分析，在固定汇率制下，中国货币政策依然可以按照本国经济形势需要进行调整，不会完全失去货币政策独立性。中国货币政策独立性取决于国际收支状态和美国利率调整方向。数量型货币政策直接受结构性国际收支失衡的影响。如果美国货币政策调整没有改变结构性国际收支的状态，那么美国货币政策不会对数量型货币政策产生显著影响；如果美国货币政策调整改变了结构性国际收支状态，那么美国货币政策调整会对数量型货币政策产生显著影响。不同汇率制度下，美国货币政策对中国数量型货币政策独立性的影响效果是通过影响国际收支状态来实现的。美国上调利率导致中国国际收支逆差，中国国内货币供应紧缩；美国下调利率导致中国国际收支出现顺差，国内货币供应扩张。

中国的利率政策同样会受到国际收支失衡和美国货币政策的影响。美国货币政策引发中国出现大规模资本外逃或大规模"热钱"涌入时，中国利率政策会受到美国货币政策的显著影响。外汇储备增加（或减少）

会给本国利率政策造成下行（或上行）的压力。中国国际收支失衡和美国货币政策对中国货币政策独立性的影响可以总结为表3.5。

表 3.5　固定汇率制下美国货币政策和国际收支状况对中国货币政策的影响

美国货币政策变动	中国国际收支变动	数量型货币政策	利率政策	实体经济和金融市场
美联储上调联邦基金利率	大规模资本外逃或 CA + FA < 0	货币供应减少	央行上调利率外汇储备减少，利率有上行压力[1]	产出减少、物价下跌、资产价格下跌
	小规模资本流出，CA + FA > 0	货币供应增加	不受美国货币政策影响外汇储备增加，利率有下行压力	产出增加、物价上涨、资产价格上涨（幅度较小）
美联储常规下调联邦基金利率	大规模资本流入中国，CA + FA > 0	货币供应增加	央行下调利率外汇储备增加，利率有下行压力	产出增加、物价上涨、资产价格上涨（幅度较大）
	小规模资本流入中国，CA + FA > 0	货币供应增加	不受美国货币政策影响外汇储备增加，利率有下行压力	产出增加、物价上涨、资产价格上涨（幅度较小）
	CA + FA < 0	货币供应减少	不受美国货币政策影响外汇储备减少，利率有上行压力	产出减少、物价下跌、资产价格下跌
大幅下调利率，实行 QE	"热钱"流入	货币供应增加	下调利率外汇储备增加，利率有下行压力	实体经济和金融市场变动不确定

　　注：1. 利率有上行压力不代表利率一定会上升，根据式（3－12）外汇储备对利率的影响是否显著取决于多种因素。中国央行对基准利率存在较为严格的管制，因此，外汇储备的变动不一定会导致利率政策发生相应的变化。

　　表 3.5 表明，在固定汇率制下，国际收支失衡会直接影响国内数量型货币政策，国际收支顺差会导致国内货币供应增加，国际收支逆差会导致国内货币供应减少。但是，本国利率政策不一定会受到美国货币政策和国际收支失衡的影响，仍然可以保持较高的独立性。

3.2　中间汇率制下中国货币政策的独立性

　　蒙代尔—弗莱明模型和不可能三角假说分析的是两极汇率制度下的

货币政策独立性。该模型没有单独对中间汇率制度①下的货币政策独立性进行详细分析。已有研究在分析中间汇率制度对货币政策独立性的影响时，大多是直接套用不可能三角假说的结论，而没有考虑中间汇率制度带来的不确定性。不可能三角假说中，汇率的稳定性（EI）、金融开放度（KO）和货币政策独立性（MI）三者之间的关系是 EI + KO + MI ≤ 2。三个指数的取值都在［0，1］区间内。汇率越稳定，EI 指数越大；金融开放度越高，KO 指数越大；货币政策独立性越强，MI 指数越大。由于中间汇率制度下的汇率制度弹性要强于固定汇率制度，小于浮动汇率制度，那么，在金融开放度一致的条件下，中间汇率制度国家的货币政策独立性要强于固定汇率制度的国家，而弱于浮动汇率制度的国家。在金融开放度不变的条件下，随着中间汇率制度弹性的增加，货币政策独立性会显著增强。

实际上，中间汇率制度和两极汇率制度有很大的差别。在两极汇率制度下，公众对政府的政策有一个稳定的预期。在固定汇率制下，公众预期汇率是稳定的，经济人会根据当前的汇率水平制定自身的经济计划；而浮动汇率制下，公众预期汇率是浮动的，经济人会借助期货期权等远期市场工具来进行风险对冲。因此，两极汇率制度有助于维持宏观经济稳定。

在中间汇率制度下，政府会对外汇市场进行干预以避免汇率的大幅波动，但是干预的行为是不可预期的。中间汇率制度不能给予公众稳定的预期，故缺乏公信力。汇率波动的不可预期性往往会造成公众和政府行为的不一致。在政府希望汇率稳定时，公众可能预期汇率会贬值，从而加大抛售本币的力度，因而，政府无法轻易实现汇率稳定的目标。汇率出现大幅波动必然会引发风险，宏观经济和金融出现问题，货币政策要随之进行调整。货币政策独立性被削弱。因此，中间汇率制度对货币政策独立性的影响机制值得进一步探讨。

在中间汇率制度下，国际收支失衡和美国货币政策对中国货币政策

---

① 中间汇率制度指除无单独法定货币的汇率制度、货币局安排和自由浮动汇率制度以外的汇率制度安排，包括传统盯住、稳定化安排、爬行盯住和其他管理等。

独立性的影响与固定汇率制情形下具有一定的相似性。在结构性国际收支失衡或美国货币政策变动导致国际收支失衡的状态下，央行为维持汇率在一个固定范围内波动，通过买卖外汇储备对外汇市场进行干预，从而导致外汇储备水平变化，进而导致国内货币供应和利率产生变化，具体的作用机制在本章第一节有详细论述，在此不做赘述。区别在于在中间汇率制度下，汇率制度具有一定的弹性，在不考虑其他因素的情况下，央行干预外汇市场的力度会更小。

与两极汇率制度相比，中间汇率制度下存在浮动恐惧和外汇市场预期不稳定是中间汇率制度下货币政策独立性有别于其他汇率制度的重要原因。

浮动恐惧。一国实施中间汇率制度的一个重要原因就是害怕本国汇率水平大幅波动。害怕本国货币升值的重要原因有两个：一是本币升值不利于出口，进而不利于本国产出和就业的增长；二是新兴市场经济体普遍持有大量美元储备，升值会造成美元储备价值缩水。害怕贬值的原因是贬值可能导致资本流入下降甚至出现资本外逃，本国对外债务上升。当一国拥有大量的对外负债时，通常是美元负债，那么它会害怕本币贬值。汇率的变动可能会给国内经济带来负面影响。稳定的汇率水平有助于一国维持国内物价水平的稳定，并给投资者提供稳定的预期。Calvo 和 Reinhart（2002）通过观察各国的汇率数据，发现很多宣称实行偏向于浮动汇率制的国家存在浮动恐惧[14]。

浮动恐惧对货币政策独立性的影响机制具体是：当美国实施扩张性货币政策，如降低利率时，一国面临资本流入，本币有升值压力。为了不让本国出口受到影响，央行会降低本国利率以稳定本国货币汇率。美国提高利率，本国资本外流，本币贬值促进出口，增加国内产出。但是，另一方面，本币贬值又会导致本国美元债务上升。因此，该国很可能会提升利率以减轻本币贬值压力。由此可知，即使一国名义上实行浮动汇率制，央行仍然可能会因为"浮动恐惧"而和中心国家的步伐保持一致，调整国内货币政策，进而无法保证货币政策的独立性。

市场预期。公众预期和汇率制度之间会相互影响。Obstfeld（1994）

认为不同的公众预期会导致央行选择不同的汇率制度。当公众普遍预期货币有贬值趋势时，央行维持汇率稳定的成本会大于收益，从而央行会放弃固定汇率制；当公众预期货币币值稳定时，央行会发现保持汇率稳定的成本小于收益，从而央行会坚持固定汇率制[57]。

汇率制度会对公众预期产生影响。对于完全固定汇率制而言，公众对汇率有一个稳定的预期，从而不会诱发汇率风险；对于完全浮动汇率制度而言，公众预期汇率会有频繁的波动，会根据市场行情对资产进行合理的配置，并运用金融衍生品工具进行风险对冲。Frankel et al. (2000) 指出公众能够简单地核实两极汇率制度。在固定汇率制下，公众通过观察汇率的历史数据便能发现央行是否维持了汇率稳定；在浮动汇率制下，通过观察外汇储备的变化，便能发现央行是否对外汇市场进行了干预[27]。当一国实施中间汇率制度时，汇率水平是在一个区间内波动，并且参考的篮子货币权重会发生变化，公众很难核实央行是否维持了承诺。因此，公众对汇率的走势无法形成一个稳定的预期。

当美国利率水平上升时，实行中间汇率制度国家的公众会认为本国货币会有贬值的压力，国内资本有外流倾向，资本流出导致国际收支出现赤字，央行需要在外汇市场上进行干预，投放外币买进本币，这就使本国被动实施紧缩性货币政策。假如该国央行不对外汇市场进行干预，那么该国货币面临大幅贬值压力，很可能会发生货币危机。同理，当美国利率水平下降时，投资者会预期该国货币有升值的压力，国内面临大规模短期资本流入，央行需要在外汇市场上进行干预，投放本币买进外币，这就使本国被动实施扩张性货币政策。假如该国央行不对外汇市场进行干预，那么该国货币面临大幅升值压力，不利于本国的出口。

根据上述分析，在中间汇率制度下，中国货币政策的独立性与固定汇率制下的货币政策独立性具有一定的相似性，国际收支失衡和国外货币政策都对中国数量型货币政策和利率政策有影响。但是，由于存在浮动恐惧和外汇市场预期不稳定，中间汇率制度对货币政策的影响具有一定的特殊性。

当美国上调联邦基金利率时，中间汇率制下中国货币政策独立性与固定汇率制下货币政策独立性的区别在于：（1）当中国有国际收支顺差时，人民币对美元会在一定幅度内升值，这减小了央行干预外汇市场的压力。人民币升值会在一定程度上削弱美国上调利率给中国带来资本外流的压力，并在一定程度上会减小经常项目顺差。（2）当中国出现国际收支逆差时，人民币对美元会在一定幅度内贬值，由于中间汇率制度带来的不确定性，公众会产生人民币贬值预期。人民币贬值和资本外逃会形成一个恶性循环，人民币贬值预期会导致资本外逃扩大，而资本外逃扩大会进一步导致人民币贬值。央行干预外汇市场的压力会更大。在中间汇率制度下，美国上调利率对中国货币政策的影响见图 3.6。

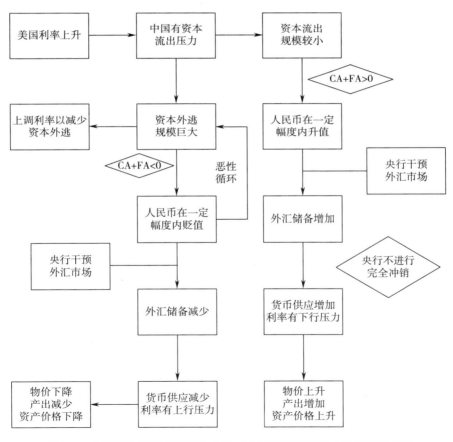

图 3.6　中间汇率制下美国利率上升对中国货币政策独立性的影响机制

　　在中国保持国际收支顺差的情况下，中国数量型货币政策独立性会随着汇率制度弹性的增加而提升；在中国有大规模资本外逃或存在国际收支逆差的情况下，中国数量型货币政策和利率政策的独立性可能会随着汇率制度弹性的增加而下降。

　　在中间汇率制度下，美国下调利率对中国货币政策的影响机制见图3.7。美国下调联邦基金利率对中国货币政策的影响，与固定汇率制下的传导机制同样具有较大的相似性。主要区别表现为以下两点。（1）当中国有国际收支顺差时，人民币会在一定幅度内升值，这会进一步促进资本流入中国。因此，虽然人民币升值减轻了央行外汇市场干预的压力，

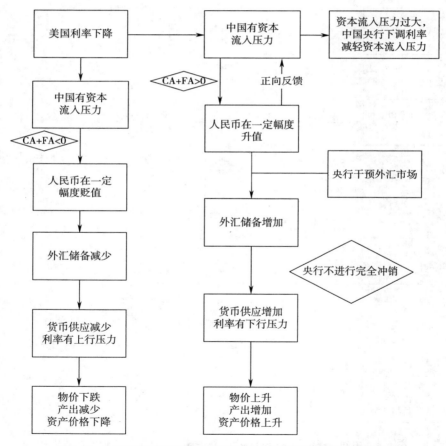

图3.7　中间汇率制下美国利率下降对中国货币政策的影响机制

但是由于资本流入压力增大，中国外汇储备增加的幅度不一定会比固定汇率制下更小。为维持人民币汇率波动不超出特定区间，央行在外汇市场上的干预行为会让国内货币供应量上升，数量型货币政策会受到显著影响。若国际收支顺差规模过大，中国央行会选择下调本国利率；若国际收支规模没有给人民币造成过大升值压力，中国央行可以根据本国经济形势调整利率政策。（2）当国际收支原本有结构性逆差时，美国下调利率会在一定程度上改善中国国际收支状况。国际收支逆差让人民币在一定程度上贬值，促进出口，进口产品价格上升；央行干预外汇市场会造成货币供应紧缩，从而给实体经济和金融市场带来一定的紧缩性效应。货币供应减少会在一定程度上造成中国市场利率上行，但中国央行可以根据本国经济形势调整利率。在此情况下，中国实体经济和金融市场的发展趋势具有一定的不确定性。

在美国出现经济危机时，美联储大幅下调联邦基金利率并且实行量化宽松货币政策，国际投机资本激增；在中国经济基本面表现良好时，中国面临大量短期资本流入，人民币会在一定幅度内升值。人民币升值会进一步加大资本流入的压力，从而人民币升值和"热钱"流入会形成一个恶性循环，央行在外汇市场上干预的压力会更大（见图3.8）。

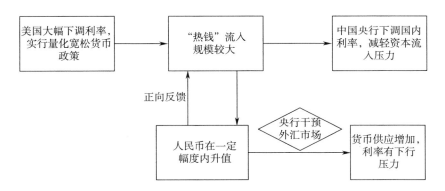

图3.8　中间汇率制下量化宽松货币政策对中国货币政策的影响机制

对比表3.5和表3.6，除人民币汇率变化不一致以外，其他变量的变动似乎没有显著差异。然而，表中注明的是各变量的变动方向，并没有注明各变量调整的幅度。

在中间汇率制和固定汇率制下，美国货币政策和国际收支失衡对中国货币政策的影响程度存在一定差异性。在国际收支失衡规模一致的情况下，中间汇率制比固定汇率制下的数量型货币政策独立性更强，汇率制度弹性增加能够增强数量型货币政策的独立性。但是，由于中间汇率制下公众的预期不稳定，汇率波动会给外汇市场带来很大的不确定性。当本币的升值（贬值）造成外汇市场出现更大规模的资本流入（资本外逃）时，汇率制度弹性的增加会造成更大规模的国际收支失衡，因此，汇率制度弹性增加不一定能够增强数量型货币政策的独立性。

在中间汇率制下，汇率制度弹性增加不一定会增强利率政策独立性。当美国上调联邦基金利率时，若中国出现较大规模资本外流，国际收支有逆差，中国利率政策会受到美国货币政策的影响。若人民币贬值进一步加强资本外流的意愿，这时汇率制度弹性增加会削弱利率政策的独立性。若中国央行能够接受人民币贬值的幅度并且人民币贬值没有在外汇市场上引发大规模资本外流时，汇率制度弹性增加会加强利率政策的独立性。

当美国下调利率时，若国际收支顺差规模太大，中国不希望资本持续流入给人民币产生升值压力，则中国的利率政策会受到美国货币政策的影响。在国际收支规模太大的情况下，若中国可以接受人民币升值的幅度并且人民币升值没有造成进一步"热钱"涌入时，汇率制度弹性增加可以有效增强货币政策的独立性；若中国希望人民币汇率稳定或人民币升值造成进一步"热钱"涌入时，汇率制度弹性增加不一定会增强货币政策的独立性。

在中国利率政策不显著受到美国货币政策影响的情形下，汇率制度弹性增加会减轻央行在外汇市场上干预的压力，这会在一定程度上增强利率政策的独立性。例如，当中国有国际收支顺差时，人民币对美元会在一定幅度内升值，这减轻了央行干预外汇市场的压力。同时，人民币升值会在一定程度上削弱美国上调利率给中国带来的资本外流的压力，并一定程度上会减小经常项目顺差。

表 3.6　中间汇率制下美国货币政策和国际收支对中国货币政策的影响

美国货币政策变动	中国国际收支变动	人民币汇率	数量型货币政策	利率政策	实体经济和金融市场
美联储上调联邦基金利率	大规模资本流出，CA + FA < 0	贬值	货币供应减少	央行上调利率，外汇储备减少，利率有上行压力	资产价格下跌
	小规模资本流出，CA + FA > 0	升值	货币供应增加	不受美国货币政策影响，外汇储备增加，利率有下行压力	资产价格上涨（幅度较小）
美联储常规下调联邦基金利率	大规模资本流入中国，CA + FA > 0	升值	货币供应增加	央行下调利率，外汇储备增加，利率有下行压力	产出增加、物价上涨、资产价格上涨
	小规模资本流入中国，CA + FA > 0	升值	货币供应增加	不受美国货币政策影响，外汇储备增加，利率有下行压力	资产价格上涨
	CA + FA < 0	贬值	货币供应减少	不受美国货币政策影响，外汇储备减少，利率有上行压力	资产价格下跌
大幅下调利率，实行 QE	资本流入	升值	货币供应增加	下调利率，外汇储备增加，利率有下行压力	实体经济和金融市场低迷

　　表 3.6 表明，在中间汇率制下，国际收支失衡会直接影响国内数量型货币政策和人民币汇率水平，国际收支顺差会导致国内货币供应增加和人民币升值，国际收支逆差会导致国内货币供应减少和人民币贬值。但是，本国利率政策不一定会受到美国货币政策和国际收支失衡的影响，仍然可以保持较高的独立性。

3.3　浮动汇率制下中国货币政策的独立性

　　虽然人民币汇率制度改革仍在路上，人民币未实现完全浮动，但是未来人民币是极有可能实行浮动汇率制的。此处，仍以中美两国为例进行分析。下文分析的是事实上的自由浮动汇率制，即央行完全不动用外汇储备干预外汇市场。

当美联储上调联邦基金利率时，美元资产需求上升，中国资本流出规模上升。若中国经常项目差额加上资本项目差额依然有顺差，那么，中国外汇市场上美元外汇供大于求，美元相对于人民币贬值，人民币有升值压力。由于实行的是浮动汇率制度，汇率可以自由浮动。若外汇市场人民币升值压力不大，央行可以不干预外汇市场，外汇储备量不变，货币供应量不会发生变化。中国可以根据本国经济形势调整货币政策。

当中国资本流出造成国际收支逆差时，人民币会贬值。若人民币贬值幅度较小，中国央行可以不必调整本国利率。若人民币贬值幅度很大，外汇市场上普遍存在人民币贬值预期，资本外逃非常严重。为降低人民币汇率的贬值幅度，中国央行会上调利率减轻资本外逃压力。背后的原因是，在浮动汇率制下，中国依然没有克服浮动恐惧。当外汇市场上供求失衡造成汇率可能出现大幅波动时，为减轻汇率波动对国内经济的冲击，央行会调整货币政策（见图3.9）。

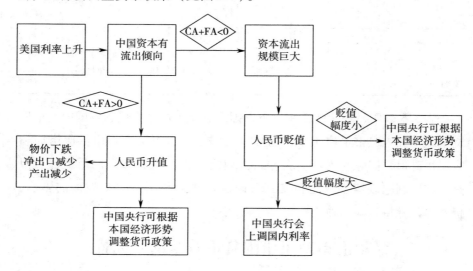

图3.9 浮动汇率制下美国利率上升对中国货币政策的影响机制

当美联储常规下调联邦基金利率时，美元资产收益下降，一般而言，市场对美元资产需求下降，中国面临资本流入的压力。当中国有结构性国际收支逆差时，美国利率下降，中国的资本流入增加，人民币贬值，促进出口，有助于改善中国国际收支状况。当中国有结构性国际收支顺差时，中国外汇市场上美元资产供过于求，人民币会升值，并进一步促进资本流入。人民币升值会导致净出口减少，产出减少。若短期资本流入规模较小，人民币升值压力不大，中国央行可以根据国内经济形势调整货币政策。

若短期资本流入规模很大，外汇市场上人民币升值压力很大，为了不让人民币汇率过快升值，中国央行会下调利率以减轻跨境资本流入的压力，进而减小人民币升值的幅度。在浮动汇率制下，美国下调利率对中国货币政策的影响见图 3.10。

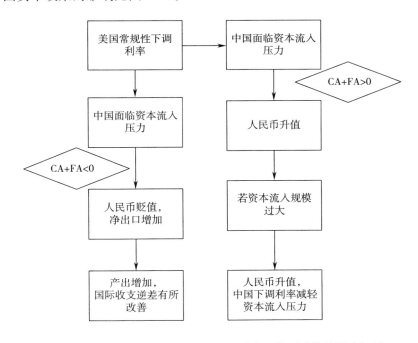

图 3.10　浮动汇率制下美国利率下降对中国货币政策的影响机制

当美国发生经济危机，美联储大幅下调联邦基金利率，并且实施非常规货币政策时，中国会选择下调本国利率并加强资本管制以减少跨境短期资本流入。虽然这会在一定程度上减少跨境资本流动规模，但是依然会有一定量的短期资本流入，人民币升值并进一步促进资本流入。人民币升值会减少净出口，进而减少产出，如图 3.11 所示。

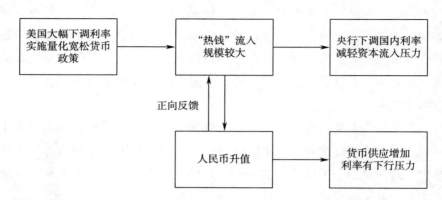

正向反馈

图 3.11　浮动汇率制下美国量化宽松货币政策对中国货币政策的影响机制

对比表 3.7 和表 3.5 与表 3.6，最大的区别便是在浮动汇率制下，外部经济因素对数量型货币政策没有影响，数量型货币政策具有独立性。这个结论的前提条件是央行事实上实行的汇率制度是浮动汇率制，没有在外汇市场上进行干预。

在浮动汇率制下，汇率制度弹性增加并不一定会增强利率政策的独立性，隔绝国外货币政策的影响。在浮动汇率制下，利率政策的独立性取决于人民币波动幅度和中国央行对汇率波动的容忍度，当人民币波动幅度在中国央行可以接受的范围内，中国利率政策有独立性，若人民币波动幅度超出中国央行可以接受的范围，中国央行会调整本国利率，减少跨境资本流动给人民币带来的升/贬值压力，从而货币政策独立性受到影响。

表 3.7　浮动汇率制下美国货币政策和国际收支对中国货币政策的影响

美国货币 政策变动	中国国际收支变动	人民币 汇率	数量型 货币政策	利率政策	实体经济和 金融市场
美联储上 调联邦 基金利率	大规模资本流出，CA + FA < 0	贬值	无影响	上调利率	资产价格下跌
	小规模资本流出，CA + FA > 0	升值	无影响	不受美国货币 政策影响	不确定

美国货币政策变动	中国国际收支变动	人民币汇率	数量型货币政策	利率政策	实体经济和金融市场
美联储常规下调联邦基金利率	大规模资本流入中国，$CA + FA > 0$	升值	无影响	下调利率	不确定
	小规模资本流入中国，$CA + FA > 0$	升值	无影响	不受美国货币政策影响	不确定
	$CA + FA < 0$	贬值	无影响	不受美国货币政策影响	产出增加
大幅下调利率，实行 QE	资本流入	升值	无影响	下调利率	实体经济和金融市场低迷

表3.7表明，在浮动汇率制下，国内数量型货币政策具有独立性，国际收支失衡会影响人民币汇率水平，国际收支顺差会导致人民币升值，国际收支逆差会导致人民币贬值。本国利率政策通常情况下具有独立性，只有在美国货币政策和国际收支失衡对人民币汇率造成具有升值或贬值压力时，本国利率政策才会受到外部经济因素的影响。

3.4　小结与计量模型建立

基于上述分析可知，国际收支失衡和国外货币政策对数量型货币政策和利率政策都会产生影响。在不同汇率制度下，当存在结构性国际收支失衡时，国外货币政策对中国货币政策的影响效果与传统理论的结论会有显著差异。本书在蒙代尔—弗莱明模型和不可能三角假说的理论逻辑基础上，加入国际收支失衡因素。以中美两国为例，全面分析了不同汇率制度下，美国货币政策变动和中国国际收支失衡对中国货币政策、实体经济和金融市场产生的影响。需要强调的是，本书不仅分析两极汇率制度下货币政策的独立性，而且根据中间汇率制度带来的不确定性分析了在中间汇率制度下，美国货币政策对中国货币政策和经济基本面的影响。鉴于利率政策和数量型货币政策具有差异性，本章在分析中国货币政策独立性时，明确区分了两种类型货币政策独立性。

理论分析表明，在固定汇率制下，一国可以拥有货币政策独立性；在浮动汇率制下，一国可能会缺乏货币政策独立性；而在中间汇率制度下货币政策独立性可能会随着汇率制度弹性的增加而上升，也可能随着汇率制度弹性的增加而下降。货币政策独立性的状态综合取决于中国国际收支失衡的状态和美国货币政策调整的方向。为实证检验理论分析框架并探究汇率制度选择对中国货币政策独立性的真实影响，本书在理论分析框架下建立实证模型进行实证分析。

通常来说，分析货币政策的计量模型中会包括货币政策变量和实体经济变量（如产出、通货膨胀等）。随着金融市场的不断发展，很多研究发现货币政策对资产价格（股票价格、房地产价格等）有显著影响。Friedman（2013）认为缺失金融市场变量的货币政策模型不能良好地刻画一国的货币政策机制[32]。大量研究在分析美国货币政策的外溢性时，把一国实体经济和金融市场的变量也包括在模型中（Rey，2016；Pang & Siklos，2016）[61,58]。

理论分析表明，美国货币政策和中国国际收支失衡对中国的利率政策和数量型货币政策会产生影响。同时，美国货币政策冲击和中国国际收支失衡也对中国的实体经济和金融市场造成了显著影响。根据货币政策非中性理论，在短期内，本国货币政策会对国内产出和物价产生影响。倘若发达经济体的货币政策对一国货币政策产生了显著影响，那么会间接影响该国的实体经济和金融市场。此外，发达经济体的货币政策会对国际大宗商品价格、国际资本流动以及全球金融风险等产生影响，进而对开放经济体的实体经济和金融市场产生影响。央行在调整货币政策时，需要考虑国内的经济形势，因而中国实体经济和金融市场也会对利率政策和数量型货币政策产生影响。

基于上述分析，美国货币政策、中国国际收支失衡、中国货币政策、中国实体经济和金融市场之间存在密切联系，它们可以看作同一个经济系统内的变量。其中，由于美国货币政策是受美联储的控制，因而是系统中的外生变量，其余变量之间存在相互影响关系，是系统中的内生变量。

中国实体经济变量（Real economy variables，简写为 R），中国金融市场变量（Financial variables，简写为 F），中国货币政策变量（Monetary policy variable，简写为 M），外汇储备（Foreign Exchange Reserve，简写为 Res）以及国外货币政策分别用 R^{CN}、F^{CN}、M^{CN}、Res 和 M^F 表示。本书采用以下实证模型分析国外货币政策和外汇储备（代表国际收支失衡）对中国实体经济、金融市场和货币政策的影响。[①]

$$\begin{bmatrix} R_t^{CN} \\ F_t^{CN} \\ M_t^{CN} \\ Res_t^{CN} \end{bmatrix} = \sum_{i=1}^{p} C_t(L) \begin{bmatrix} R_{t-i}^{CN} \\ F_{t-i}^{CN} \\ M_{t-i}^{CN} \\ Res_t^{CN} \end{bmatrix} + D_t(L) M_t^F + \varepsilon_t \qquad (3-13)$$

为探索在不同汇率制度下货币政策独立性的差异性，计量模型中的系数设置为会随时间变化的参数。若是汇率制度变化对货币政策独立性的影响产生变化，那么模型参数也会出现显著变化。通过分析不同汇率制度时点国外货币政策冲击对中国货币政策影响的变化便可知道汇率制度选择对中国货币政策独立性影响的差异性。

为探究汇率制度选择对中国货币政策独立性的影响，本书分成两个步骤进行实证分析。第一步是探索事实上人民币汇率制度的变化时点。第二步是利用第一步的实证结果，选取代表不同人民币汇率制度的时点，在模型（3-13）的基础上分析中国货币政策、实体经济和金融市场对国外货币政策冲击和外汇储备冲击脉冲响应的差异性。实证分析的两个步骤分别是下文第 4 章和第 5 章的主要内容。

---

① 具体的变量选取和计量方法详见第 5 章，此处仅为一个简单的介绍。

第4章　人民币汇率制度的变迁

　　汇率制度选择是一国宏观经济决策的重要组成部分，准确识别一国事实上的汇率制度类型对理解一国宏观经济政策组合有重要意义。东亚金融危机之后，中国面临的内外经济环境发生了变化，中国央行需要适当调整人民币汇率制度以适应新的经济发展环境。倘若一国实行的汇率制度是透明的，那么研究者就可通过官方公布的汇率制度了解人民币汇率制度的锚货币选择和汇率制度弹性。但是，事实却并非如此，一国事实上采取的汇率制度往往与官方宣布的名义汇率制度存在一定差异。

　　名义汇率制度指一国央行官方公布的汇率制度，实际汇率制度指一国事实上采用的汇率制度，央行会根据该汇率制度决定干预外汇市场的力度。国际货币基金组织（IMF）指出名义汇率制度和实际汇率制度往往存在一定差异，因而，IMF 每年公布的《汇兑安排与汇兑限制年报》都会利用成员汇率的历史数据对其实际汇率制度进行划分，而不是采用各成员官方公布的汇率制度。很多研究者也致力于研究各国的实际汇率制度变化（Dubas, Lee and Mark, 2005；Frankel and Wei, 2008；Ghosh, Guide and Wolf, 2002；Ilzetzki, Reinhart and Rogoff, 2017）[21,31,35,41]。

　　20 世纪 90 年代以来，中国人民银行官方公布的人民币汇率制度变化有五次，分别是 1994 年 1 月汇率制度并轨、1997 年中国承诺人民币不贬值、2005 年 7 月人民币汇率制度由单一盯住美元制转为参考一篮子货币的有管理的浮动汇率制、2010 年 6 月进一步推进人民币汇率制度改革和 2015 年 8 月人民币中间价形成机制改革。中国央行一直实行的是中间汇率制度。由于公众难以对中间汇率制度的真实情况进行检验，理论上来说，央行是可以悄悄地调整汇率制度，而不对外公布的。人民币汇率制度和官方公布的名义汇率制度变化可能会不一致（李婧和解祥优，2015）[85]。

70

前文理论分析表明，浮动汇率制国家的货币政策依然会受到中心国家货币政策的影响，一个重要原因是部分实行浮动汇率制的国家存在浮动恐惧，实际汇率水平的波动率较小。名义上增加汇率制度弹性并不能有效增强货币政策独立性，事实上提升汇率制度弹性才能增强货币政策的独立性。Ghosh（2012）通过建立三元悖论指数分析汇率制度、资本账户开放和货币政策独立性时，便是采用印度事实上的汇率制度变迁来判定印度汇率制度的类型[36]。因此，本书把汇率制度变化定义为实际汇率制度的变化，而不是名义汇率制度变化。

事实上的汇率制度需要利用现实的汇率数据进行实证分析才能明确得出。本章的主要内容是分析人民币汇率制度变化的理论逻辑和现实背景，并利用新外部货币锚模型和结构突变点检验对人民币汇率制度变迁进行实证分析，得出人民币汇率制度变迁的具体时点和个数。在此基础之上，第 5 章将采用本章得出的汇率制度变化时点进行时变参数向量自回归模型分析，探究在不同汇率制度下国际收支失衡和发达经济体货币政策对中国货币政策影响的差异性。

4.1　汇率制度选择的理论基础

汇率制度选择是学术界关注的热点问题。研究者主要围绕着以下五个问题进行讨论：（1）汇率制度选择、资本账户开放和货币政策独立性的关系；（2）固定汇率制与浮动汇率制到底孰优孰劣；（3）汇率制度选择与国内经济结构、经济特征之间的关系；（4）汇率制度选择对国内经济发展的绩效；（5）原罪论、浮动恐惧和中间汇率制度消失论。

在开放经济条件下，汇率制度选择、资本账户开放和货币政策独立性的关系一直受到广泛关注，比较有代表性的理论是不可能三角假说，第 2 章对该理论有过详细分析。不可能三角假说指出在资本自由流动的状态下，在固定汇率制度下，一国货币政策不具有独立性；而在浮动汇率制度下，一国货币政策的独立性得以保证。随着金融全球化的推进以及中国经济金融对外开放力度的不断加大，国际资本流动变得更加频繁，规模也变得更大，同时资本管制的成本在增加而有效性却在降低。在此背景下，倘若继续维持固定汇率制，国内货币政策独立性必然下降；汇率制度变得更富有弹性，会使国内的货币政策更加具有灵活性，使中国能够在经济调整方面，发挥出良好的货币政策效果，实现支持经济增长的目标。

固定汇率制与浮动汇率制到底孰优孰劣这一问题的讨论源于以固定汇率为核心的布雷顿森林体系在宏观调控方面出现诸多问题，在此情况下，学界和政府就到底应该采用固定还是浮动汇率制度展开了讨论。凯恩斯主义与货币主义均赞成实施浮动汇率制。凯恩斯主义认为，经济系统的运行并不是可以保持长期稳定状态，受外部冲击的影响而产生波动是经济运行不可避免的阶段，浮动汇率制的实施使汇率能够代替国内劳动力市场和产品市场价格的变动，有助于平抑经济发展波动，增强经济系统的稳定性。与此同时，货币主义认为允许汇率自由变动，有助于抵抗外部货币变动冲击的影响，稳定国内货币市场，进而避免国际间通货膨胀的传递。

固定汇率制的拥护者则从国际合作的角度阐述其支持汇率不变的理由。他们指出经济全球化的发展趋势决定了国际经济发展合作的必要性，固定汇率制的实施将在世界范围内形成相对稳定的经济增长体系，有助于全球经济的合作与发展，而浮动汇率制则会导致一国面临国际经济变动的冲击，增加国际贸易的不确定性和风险性。最重要的是，浮动汇率制容易引发货币竞争性贬值，不利于国际经济合作的发展深化。

20 世纪 70 年代以后，汇率制度选择争论的重点转为汇率制度选择与国内经济结构、经济特征之间的关系。Mundell（1961）提出最优货币区（Optimal Currency Areas，OCA）的设想，其核心观点是致力于将世界划分为若干个货币区，区内实行固定汇率制，对外则实行浮动汇率制[52]。麦金农和凯南等人又结合经济发展的实际对最优货币区理论进行补充与拓展，认为应该以国家经济发展阶段、结构与特征为考察对象制定清晰的界定标准，满足这些标准的国家和地区可以通过组建货币联盟的方式实现汇率制度的选择。

最优货币区理论注重分析一国经济状况的特征。最优货币区理论包括很多影响汇率制度选择的标准：倘若一国经济状况的特征是经济规模大、经济多元化程度高、金融体系完善以及跨境资本流动规模大等，那么该国适合采用浮动汇率制；倘若一国经济状况的特征是央行抑制通货膨胀的公信力低、国内和世界通货膨胀差距大、国内名义汇率波动剧烈以及与某一大国贸易往来密切等，那么该国实行盯住汇率制的可能性较大。最优货币区理论的具体内容如表4.1所示。

表 4.1　　　　　　　　　最优货币区标准下汇率制度的选择

经济特征	对汇率制度选择的影响
经济规模	经济规模越大，越适合采用浮动汇率制
开放程度	经济越开放，浮动汇率带来的收益会越小
出口产品结构	出口产品多元化程度越高，越适合采用浮动汇率制
贸易的地域集中度	与某一大国的贸易在整个经济中所占比例越高，盯住该大国货币的动机越强
国内与世界通货膨胀的差异	一国通货膨胀与主要贸易伙伴国的差异性越大，汇率调整的频率会越高，然而，固定汇率制度能够在一定程度上降低高通货膨胀的风险
经济、金融发展程度	国内经济、金融的发展程度越高，浮动汇率越可行
劳动力流动性	劳动力的流动性越大，当工资和价格的下降存在黏性时，在固定汇率制下对外部冲击所作的调整的困难就越少（成本越小）
资本流动性	资本流动性越大，维持中间汇率制度的成本越高
国外名义货币的波动制度	国外名义货币波动普遍，适合实行浮动汇率制
国内名义货币的波动	国内名义货币的波动越普遍，越应采取固定汇率
实际部门的波动	经济对实际部门的震荡（无论来自国内还是国外）越脆弱，浮动汇率制更为可取
决策者的公信力	固定汇率制可以提升决策者抑制通货膨胀政策的可信度

通常情况下，一国的经济运行状况、结构特征等并不会完全符合某种汇率制度的所有选择标准，而是存在显著的交叉性，既符合浮动汇率制的部分选择标准，也符合固定汇率制的部分选择标准。因此，国家决策者很难根据最优货币区选择标准明确确定适用的汇率制度。在此背景

下，有研究者倡导根据汇率制度对本国经济发展绩效的推动作用的大小来选择汇率制度类型。根据央行对汇率稳定性或灵活性的偏好程度，汇率政策可分为名义锚模式（nominal anchor approach）与实际目标法（real targets approach）。

名义锚模式的传导途径主要通过改变公众的预期来实现国内价格水平的稳定。倘若一国央行选择固定汇率作为货币政策的名义锚，那么央行就无法任意增加或减少货币发行数量。此时，经济主体会预期未来的通货膨胀水平较低，较低的通货膨胀预期会导致它们倾向于确定一个较低的工资水平和价格水平。反之，若央行倾向于实施汇率浮动制，制定工资和价格的经济主体预期货币当局会通过本币贬值的方式改善国际收支，因而它们对价格具有较高的预期，从而将价格确定在一个较高的水平。在一个较高的价格水平上，经济主体相信央行不会以一个更高的通货膨胀水平来代替已贬值的实际汇率，最终结果是价格会维持在一个较高的水平上。因此，在名义锚模式下一国能实现抑制国内通货膨胀和提高央行货币政策公信力的目标。但是，根据不可能三角假说，一国不可能同时实现固定汇率制、独立的货币政策和资本自由流动三大目标。在跨境资本大规模流动的情况下，名义锚模式会影响一国货币政策的独立性。

在采用实际目标法汇率政策下，货币当局可以参考名义汇率来调整实际汇率，名义汇率即可作为政策工具。实际目标法的理论基础是支出转换政策（expenditure‐switching policy）和支出增减政策（expenditure‐changing policy）搭配，同时实现内外经济均衡，其最终目标是实现经常账户差额或经济增长率等经济变量。通常来说，名义锚模式能够实现反通货膨胀的目标，而实际目标法对赢得外部竞争力有利。

20 世纪 90 年代后期，国际资本流动规模变得日益庞大，全球多个经济体在不同程度上发生了货币危机（如 1992 年欧洲货币危机、1994 年墨西哥货币危机和 1997 年东亚货币危机等）。学界普遍认为货币危机的频繁发生在很大程度上受到汇率制度选择的影响。结合实际汇率制度选择的实践，在现有研究资料的基础上，汇率制度的选择理论有了进一步发展，原罪论（original sin）、浮动恐惧论（fear of floating）和中间汇率制度消失论为汇率制度选择带来新的解释。

原罪论产生的原因是本国货币不能用于国际借贷，即国内金融机构和外国金融机构都无法用本币提供国际贷款，甚至国内也无法用本币进行长期借贷（Eichengreen and Hausmann，1999；Hausmann，Panizaz and Stein，2001）[25,39]。由于国内金融市场不够完善，国内的投资容易出现货币错配或期限错配。货币错配指投资者以外币融资的项目收入以本币计价，还款需归还外币。倘若外币相对本币升值，那么借款人以本币衡量的债务将会增加，进而陷入债务困境。期限错配指投资者把短期贷款作长期用途，当本国利率上升时，债务人的借款成本将会大幅上升。在一国金融市场存在原罪的情况下，货币当局有意愿盯住外部货币维持汇率的稳定。

Calvo 和 Reinhart（2002）在观察盯住美元货币汇率的月度数据或季度数据的基础上，发现新兴市场经济体存在浮动恐惧[14]。浮动恐惧的具体表现是：当经济发展相对比较稳定时，例如大量外国资本流入本国进行投资，此时，很多新兴市场经济国家的央行不期望看到本币升值，本币升值会导致出口受挫，在经济全球化的形势下不利于出口进一步壮大；当经济形势不好时，央行害怕本币贬值，因为本币贬值容易导致国内资本外逃，而债务国更害怕贬值，因为这样会增加其债务。汇率的稳定有助于平抑本国物价水平波动，并给境外投资者提供稳定的预期，从而达到充分利用外资实现发展的目的，因此一国央行不愿让本币汇率浮动，尤其是新兴经济体。

中间汇率制度（intermediate regimes）消失论指唯有两极汇率制度（货币局制度或者是货币联盟和只有温和的平滑干预的浮动汇率制度）才是可持续的，处于二者之间的汇率制度，是缺乏信誉的，至少对新兴市场化经济中间汇率制度是没有信誉的。国际货币基金组织把汇率制度划分为四大类：硬盯住、软盯住、浮动汇率制和其他汇率制度，每个大类中包括若干个小类，加起来一共有十个小类，如表4.2所示。其中，软盯住和其他汇率制便属于中间汇率制度。

表 4.2   **IMF 对汇率制度的分类**

大类	小类	特征
硬盯住汇率制度	美元化	用美元替代本国货币。
	货币局制度	与某种货币长期维持固定汇率。本币发行和外汇储备变化一一对应。
软盯住汇率制度	传统盯住	与某种货币或货币篮子（SDR）维持固定汇率，但允许即期汇率围绕中间汇率以不超过 ±1% 的区间浮动。
	水平区间内盯住	维持固定汇率，在不小于 ±1% 的区间内浮动。
	稳定化安排	汇率稳定下来后，在至少 6 个月内使其浮动区间不超过 ±2% 的区间，且经验证据显示，稳定是政府干预的结果。
	爬行盯住	中间汇率可按固定速率小幅调整。调整规则要事前公布，波动区间很小。
	类爬行盯住	中间汇率可变动，但在至少 6 个月内即期汇率对中间汇率的波动区间不超过 2%。
浮动汇率制	浮动	无中间汇率，汇率基本由外汇市场供求决定。
	自由浮动	无中间汇率，汇率完全由外汇市场供求决定。
其他	其他	汇率政策经常变化、难以归到已有汇率安排类别。

注：汇率制度特征参照余永定和肖立晟（2017）[126]。

硬盯住汇率制度可通过汇率的变动趋势来核验，浮动汇率制度可通过外汇储备的变动率来判断央行是否干预了外汇市场，因而硬盯住和浮动汇率制度都具有较强的可核验性，这使两极的汇率制度具有较强的公信力，而中间汇率制度却无法进行核验，因而其无法具有很强的公信力（Frankel et al.，2000）[27]。在资本大量流动的情况下，央行对维持汇率稳定的承诺会变得不可信，因而软盯住的汇率制度无法长期持续下去。在存在投机冲击时，中间汇率制度不能有效地防止货币危机（Eichengreen，1999）[25]。易纲和汤弦（2001）建立了汇率制度选择模型，他们认为中间汇率制度容易导致公众的道德风险和对政府的不信任，从而容易招致投机攻击，并引发公众恐慌和导致货币危机，因而中间汇率制度是不稳定的，而两极汇率制度作为"角点解"是唯一的稳定解。因此，中间汇率制度正在消失或者已经消失[121]。

以上理论为汇率制度选择提供了理论解释，并详细阐述了汇率制度选择、国内经济形势和货币政策独立性之间的关系。随着中国经济规模的不断增大，经济和金融对外开放程度的日渐提高，跨境资本流动规模日益增多，国内金融市场的逐渐完善，出口产品结构多元化，根据以上汇率制度选择理论，中国可以选择更为浮动的汇率制度。

4.2　文献回顾

1994 年，中国积极探索进行外汇体制改革，人民币官方汇率与外汇调剂汇率并轨，开始实行以市场供给为基础、单一的、有管理的浮动汇率制。在东亚金融危机以前，中国央行主张的是以促进出口为目标的实际目标法，汇率制度较为灵活。东亚金融危机发生后，东亚经济体货币对美元汇率陆续贬值，为避免竞争性贬值，中国承诺人民币不贬值，这为后续东亚经济复苏作出了巨大贡献。McKinnon（2001）指出东亚金融危机之后，东亚地区（包括中国）重新恢复事实上盯住美元汇率制，并且"东亚美元本位"显著加强了东亚地区的宏观经济稳定[51]。

东亚金融危机之后，中国官方对外公布的汇率制度改革有三次，第一次是 2005 年 7 月 21 日，中国央行宣布实行参考一篮子货币调节的有管理的浮动汇率制；第二次是 2010 年 6 月 19 日，中国央行宣布继续深化人民币汇率形成机制改革，进一步增强人民币汇率弹性，人民币对美元汇率再次出现波动；第三次是 2015 年 8 月 11 日，中国央行对人民币对美元汇率中间价报价机制进行改革，主要变化是做市商在每日银行间外汇市场开盘前，参考前一日银行间外汇市场收盘汇率。中间价报价机制改革，让人民币汇率变得更加市场化。经历过数次汇率制度改革后，不难想象，美元在人民币汇率形成机制中的地位很可能会逐渐下降。

但是，大量的实证研究发现在 2015 年前中国一直实行的是缺乏弹性的汇率制度（Frankel and Wei，2008；McKinnon，2001；Shu，Chow and Chan，2007；Shu，He and Cheng，2015；李婧和解祥优，2015；李晓和丁

一兵，2009；王倩，2011）[31,51,63,64,85,89,106]。虽然上述不同学者的研究资料在具体的研究方法与样本选择方面存在差异性，但是他们的研究均认可人民币依然在很大程度上盯住美元。

国际货币基金组织（IMF）根据人民币汇率的波动趋势对人民币汇率进行了划分。1999—2016 年 IMF 公布的《汇兑安排与汇兑限制年报》对人民币汇率制度的分类结果如表 4.3 所示。

表 4.3　　　　　　2000—2016 年人民币汇率制度的变迁进程

国别	IMF 事实分类法	RR 事实分类法
中国	1999 年 1 月至 2006 年 7 月，传统盯住① 2006 年 8 月至 2008 年 5 月，爬行盯住 2008 年 6 月至 2010 年 5 月，稳定化管理 2010 年 6 月至 2014 年 4 月，准爬行盯住 2014 年 12 月至 2016 年 4 月，其他管理制度	1994 年 1 月至 2005 年 7 月，事实上盯住美元汇率制 2005 年 8 月至 2014 年 11 月，事实上的水平带盯住汇率制，±1% 2014 年 12 月至 2015 年 6 月，事实上的爬行盯住美元

资料来源：根据 1999—2016 年 IMF 公布的《汇兑安排与汇兑限制年报》和 Ilzetzki et al. (2017) 整理得到的结果。IMF 公布的汇率制度分类结果可能会在后期被重新分类，本书按照最新的分类结果进行总结。

对比 IMF 公布的汇率制度分类和 RR 自然分类法对人民币汇率制度的分类结果，发现 IMF 的分类结果人民币汇率制度的变迁次数更多，汇率制度的弹性更大一些。在 1994—2015 年，RR 自然分类法表明，中国基本上仍保持美元本位。由此可见，已有研究对人民币汇率制度的分类结果有一定的差异性，与官方公布的结果也存在不同。

实际上，采用盯住美元制的汇率制度存在一定的风险性。美国货币政策具有显著的内向型特征，较少考虑其政策对其他国家产生的外溢性，甚至存在典型的"以邻为壑"问题。美联储以国内经济发展为重心，政策关注点集中于国内的经济指标，如失业率、通货膨胀率等。在 2008 年国际金融危机爆发后，美国为推动经济复苏，保持世界经济强国的地位，

---

①　虽然 2005 年 7 月 21 日中国人民银行宣布实行有管理的、参考一篮子货币的汇率制度，之后人民币的汇率变得更加富有弹性，但是 IMF 认为人民币对美元的汇率波动在 3 个月之内依然小于 2%。因此，IMF 在 2006 年 7 月之前依然把中国划分为传统盯住汇率制度。

先后实施三轮量化宽松货币政策，导致全球出现美元流动性过剩以及各界对美元贬值的质疑。假设一国的汇率制度采用盯住美元制，那么在美元发生变动时，该国需要通过干预外汇市场以保证本币对美元汇率稳定。外汇储备的变动趋势与国内货币供应量密切相关，会严重损害本国货币政策的独立性。因而，选择实施盯住美元的汇率制度是一种成本较高的汇率制度。

随着中国经济实力的不断增强，中国需要在国际金融体系中扮演更加重要的角色。货币国际化是一国在国际金融实力的体现。2015 年 11 月 30 日，人民币加入了特别提款权（SDR）。IMF 将人民币纳入 SDR 的一个前提条件就是人民币汇率的形成机制需要更加市场化。为实现这一条件，中国央行对人民币中间价决定机制进行了改革。李婧（2009）指出，汇率制度并不是货币国际化的必要条件，但是人民币汇率制度选择依然要考虑中国国际收支、大国经济特征、货币政策独立性等。市场化的汇率形成机制、较为灵活的汇率制度是保证人民币价值稳定性和可测性的重要条件，有助于促进人民币国际化。人民币要实现国际化，那人民币必然不能一直盯住美元，让人民币的公信力依赖于外部货币。中国完全具有脱离美元本位的意愿。同时，中国经济发展水平的提高和金融体系的不断完善，东亚区域内部贸易和投资的迅速发展，都为中国脱离美元本位，建立更合理的汇率制度奠定了基础。

由于名义和实际汇率制度具有一定差异，无法根据名义人民币汇率制度判断人民币是否已经逐渐脱离美元本位。为科学地识别人民币汇率制度的真实变化，本书认为需要分析人民币汇率的历史数据，估算出人民币汇率制度的锚货币权重和汇率制度弹性，进而得出事实上的人民币汇率制度变化。

为了解事实上的汇率制度分类，学术界提出了很多划分一国事实上的汇率制度的方法，如 IMF 的事实分类法，GGW 分类法（Ghosh，Guide and Wolf，2002）[35]、RR 自然分类法（Reinhart and Rogoff，2004）[60] 和 DLM 混合分类法（Dubas，Lee and Mark，2005）[21]。已有分类法大多都是根据汇率波动等因素来判断一国汇率制度的分类，无法准确判断汇率制度的变化时点、汇率制度中锚货币权重和汇率制度弹性。

人民币汇率制度在过去二十年中出现了几次较大的调整，因此人民币汇率制度呈现出较为明显的阶段性特征，汇率制度会在两个不同阶段的衔接点上发生变迁。很多研究注意到了这种阶段性特征，但在判断变迁点的具体位置时，多是依据代表性事件作出判断，如官方公布的汇率制度变化时间点（Frankel and Wei，2008；Shu，Chow and Chan，2007；李晓和丁一兵，2009；王倩，2011）[31,63,89,106]。Bai 和 Perron（1998，2003）提出了多结构变化模型（Multiple Structural - Change Models），能够通过拟合模型的结果达到更准确判断模型的结构突变点的目标[5,6]。Frankel 和 Wei（2008）提出的一个能够估计汇率制度中锚货币权重以及汇率制度弹性的新外部货币锚模型[31]。本书尝试利用新外部货币锚模型和结构突变点检验，检验人民币汇率制度变迁点的个数以及具体时间，并考察其锚货币选择和汇率制度弹性，进而分析事实上的人民币汇率制度选择对中国货币政策独立性的影响。

4.3　模型与计量方法选择

4.3.1　计量模型选择

早期，研究者使用外部货币锚模型（Frankel and Wei，1994）[30]来测算一国货币与锚货币的联系程度。具体模型如式（4 -1）所示：

$$\Delta \log Y_t = c + \sum w_i \Delta \log X(i)_t + \mu_t \qquad (4-1)$$

其中，$\Delta \log Y_t$ 是本国货币对标准货币（numeraire currency）的汇率值在 t 时期自然对数的一阶差分，代表本国货币汇率的变动率；$\Delta \log X(i)_t$ 是第 i 种篮子货币对标准货币的汇率值在 t 时期自然对数的一阶差分，代表第 i 种篮子货币汇率的变动率；w_i 是第 i 种篮子货币汇率变动率对本国货币汇率变动率的影响系数；c 是常数项；μ_t 是 t 时期的随机扰动项。

Frankel 和 Wei（2008）在上述模型的基础上引入一个新的指标——外汇市场压力指数（汇率制度弹性的度量指标）[31]，这是外部货币锚模型的改进版，被学术界称为新外部货币锚模型，该模型把锚货币隐含权重与汇率制度弹性的测算结合起来，能够更全面地识别一国汇率制度安排。新外部货币锚模型可表述如下：

$$\Delta \log Y_t = c + \sum w_i \Delta \log X(i)_t + \beta \{\Delta emp_t\} + \mu_t \qquad (4-2)$$

外汇市场压力指数 Δemp_t 定义为 t 期本国货币汇率变化率加上外汇储备的变化率，可表示为 $\Delta emp_t = \Delta \log Y_t + \Delta \log RES_t$。式中的 $\Delta \log RES_t$ 为本国外汇储备规模在 t 期的变动率。如果一国货币当局没有对外汇市场进行干预，就意味着外汇储备变化率为 0，此时外汇市场压力指数的系数 $\beta = 1$，即 $\beta = 1$ 代表着该国采取浮动汇率制度；与此相反，$\beta = 0$ 代表一国货币的汇率不由市场因素决定，完全随锚货币汇率的变动而变动，即该国采取完全固定的汇率制度。β 一般在 0 到 1 之间取值，越靠近 1 表明汇率制度越偏向于浮动汇率制，越靠近 0 汇率制度越偏向于固定汇率制。

本书将采用新外部货币锚模型分析人民币汇率制度安排。根据 Wind 数据库公布的中国的对外贸易额，美国、日本、欧元区、英国与中国的进出口贸易额处于中国对外进出口贸易额的前六位，并且美元、日元、欧元和英镑不仅是自由浮动货币①而且也在国际贸易中发挥计价货币作用。韩国和新加坡是东亚区域内部的重要经济体，它们和中国有着密切的经济金融联系。因此，本书选择美元、欧元、日元、韩元、新加坡元和英镑组成人民币参考的货币篮子，则（4-2）式可写成：

$$\Delta \log Y_t = c + w_1 \Delta \log \$_t + w_2 \Delta \log \EUR_t + w_3 \Delta \log \yen_t + w_4 \Delta \log \Won_t +$$
$$w_5 \Delta \log S\$_t + w_6 \Delta \log \pounds_t + \beta \{\Delta emp_t\} + \mu_t \qquad (4-3)$$

参照 Frankel 和 Wei（2008）[31] 的方法，对锚货币的系数施加一个约束条件：

$$w_1 + w_2 + w_3 + w_4 + w_5 + w_6 = 1 \qquad (4-4)$$

为实现这一约束条件，在进行计量分析时，估计的模型如式（4-5）

---

①　根据 IMF 对汇率制度的分类，韩元汇率主要由市场因素决定，并没有盯住外部货币。但王倩（2011）的实证分析结果表明韩元盯住了外部货币，如美元和欧元。倘若韩元盯住了美元或欧元，那么直接把韩元纳入货币篮子中是不合理的。为此本书通过实证分析判断韩元的汇率形成机制是否为浮动汇率制。与其他 7 个东亚经济体货币篮子选择标准类似，本书选择美元、日元和欧元作为韩元参考的货币篮子。

所示：

$$\Delta\log Y_t - \Delta\log \pounds_t = c + w_1(\Delta\log \$_t - \Delta\log \pounds_t) + w_2(\Delta\log \text{\texteuro}_t - \Delta\log \pounds_t) +$$
$$w_3(\Delta\log \yen_t - \Delta\log \pounds_t) + w_4(\Delta\log W_t - \Delta\log \pounds_t) +$$
$$w_5(\Delta\log S\$_t - \Delta\log \pounds_t) + \beta\{\Delta emp_t\} + \mu_t \qquad (4-5)$$

4.3.2　数据选取

式（4-5）中的变量包括外汇储备变动率，而外汇储备规模只有月度数据，故采用月度数据进行实证分析。由于欧元自1999年开始使用，因此，数据区间为1999年1月至2017年5月。

衡量各国汇率需要有一个标准货币，已有研究大多都选择瑞士法郎（Frankel and Wei，1994；李婧，2002；李晓和丁一兵，2009；王倩，2011；徐奇渊和杨盼盼，2016）[30,83,89,106,118] 或特别提款权（Frankel and Wei，2008；丁岚和韩峰，2014；李婧和解祥优，2016；伊楠和李婧，2014）[30,67,86,122] 作为标准货币①。Bénassy、Coeuré 和 Mignon（2006）的研究表明，标准货币和模型中的各种货币之间不能存在较大相关性，否则，可能导致估计结果出现较大的偏误[8]。由于选取的货币篮子中包含欧元，瑞士法郎在2011年以后开始与欧元挂钩，特别提款权（SDRs）比瑞士法郎更适合作为标准货币。

SDRs 是以美元、日元、欧元和英镑综合成为一个"一篮子"计价单位。SDRs 作为标准货币能更好地表示本币的真实价值。基于上述分析，选择 SDRs 作为标准货币。各种货币的汇率值（汇率采用的是直接标价法下的期末汇率值，采用 SDRs 作为计价单位）的数据均来源于 IMF 的 IFS 数据库（http：//elibrary-data. imf. org/），中国外汇储备规模数据来源于 Wind 数据库。

4.3.3　汇率制度变迁点的估计方法

Bai 和 Perron（1998，2003）提出两种结构突变模型，分别是完全结

----

① 标准货币选择的原则是被选择货币是货币篮子以外的独立浮动货币（如2011年之前的瑞士法郎），或一篮子计价单位（如 SDRs），这样能减少估计结果的偏误。

构突变模型（Pure Structural Change Model）和局部结构变化模型（Partial Structural Change Model）[5,6]，两种模型的突变点检验方法有所差异。因为汇率制度发生变迁后，锚货币的影响系数和汇率制度弹性也会随之改变，因此本书认为式（4-5）更适合当做完全结构突变模型。

假设某一经济体的汇率制度在考察期 T 内产生了 m 次变迁，那么该经济体对应的新外部货币锚模型具有 m 个结构突变点。m 个结构突变点 $(T_1, \cdots, T_m)$[①] 把整个考察期分成了 $m+1$ 个区间，每个区间对应着一个模型，$m+1$ 个模型可以表示为

$$y_t = z_t' \times \delta_1 + \mu_t, t = 1, 2, \cdots, T_1$$
$$y_t = z_t' \times \delta_2 + \mu_t, t = T_1 + 1, T_1 + 2, \cdots, T_2$$
$$\vdots$$
$$y_t = z_t' \times \delta_{m+1} + \mu_t, t = T_m + 1, T_m + 2, \cdots, T \qquad (4-6)$$

其中，y_t 为 t 时期被解释变量的观测值，即 $\Delta\log Y_t$ 在 t 时期的观测值；z_t（q×1）为协变量矩阵，即 $(\Delta\log \$_t, \Delta\log ¥_t, \Delta\log £_t, \Delta\log ₩_t)'$[②]，其系数矩阵 $\delta_i (i = 1, \cdots, m+1)$ 经历 m 次变化；μ_t 是 t 时期的随机扰动项。

在对模型进行估计之前，结构突变点个数及位置是未知的。实证分析的目标是利用考察期 T 内的观测数据值 (y_t, z_t') 估计系数 δ_i、结构突变点个数 m 和结构突变点位置 $(T_1, \cdots, T_m)$。因为完全结构突变线性模型的自变量系数矩阵 δ 在每个区间内是不同的，所以本书利用普通最小二乘法（OLS）根据结构突变点的位置对原模型分阶段进行估计。

令 $Y = (Y_1, \cdots, Y_m)'$，$Z = diag(Z_1, \cdots, Z_m)$，其中 $Z_i = (z_{T_{i-1}+1}, \cdots, z_{T_i})'$。方程组（4-6）的第 i 阶段的矩阵形式为

$$Y_i = Z_i \delta_i + U_i \qquad (4-7)$$

其中，$U_i = (\mu_{T_{i-1}+1}, \cdots, \mu_{T_i})'$。

对于 m 次结构突变的每个阶段，δ_i 的估计值可以通过最小化残差平方和的方式得到：

---

① 每个结构变化点 T_i 都为整数，并且有 $1 < T_1 < \cdots < T_m < T$。
② 为使公式表述更加简洁，用 y_t 代表 $\Delta\log Y_t$，z_t 代表 $(\Delta\log \$_t, \Delta\log ¥_t, \Delta\log £_t, \Delta\log ₩_t)'$。

$$(Y_i - Z_i \delta_i)'(Y_i - Z_i \delta_i) = \sum_{t=T_{i-1}+1}^{T_i} [y_t - z_t' \times \delta_i]^2 \qquad (4-8)$$

对于 m 次结构突变 $(T_1, \cdots, T_m)$ 中每个给定的 T_j，利用最小化残差平方和的方法估计出 $\hat{\delta}(\{T_j\})$。将 $\hat{\delta}(\{T_j\})$，$(j = 1, \cdots, m)$ 分别代入公式（4-8）便能求出 m 个结构突变点 $(T_1, \cdots, T_m)$ 对应的残差平方和，记它们的和为 $S_T(T_1, \cdots, T_m)$。估计 $(\hat{T}_1, \cdots, \hat{T}_m)$ 的方法便是对每种可能的结构突变点组合（满足条件：$T_i - T_{i-1} \geqslant q$）求出 $S_T(T_1, \cdots, T_m)$。$S_T(T_1, \cdots, T_m)$ 取得最小值对应的 $(\hat{T}_1, \cdots, \hat{T}_m)$，便是估计出来的结构突变点，即

$$(\hat{T}_1, \cdots, \hat{T}_m) = arg\ min_{T_1, \cdots, T_m} S_T(T_1, \cdots, T_m) \qquad (4-9)$$

上文阐述的是结构突变点检验的原理。如何利用数据进行实证分析，进而判断模型是否存在结构突变点以及存在结构突变点的个数，Bai 和 Perron（1998，2003）提出了相应的方法。supF 检验可以检验固定数目的结构突变点个数：原假设是无结构突变点，备择假设是有 k 个结构突变点。supF 检验统计量为

$$sup\ F_T^*(k;q) = sup_{(\theta_1, \cdots, \theta_m) \in W_\varphi} F_T^*(\theta_1, \cdots, \theta_m;q) \qquad (4-10)$$

式中 $w_\varphi = \{(\theta_1, \cdots, \theta_m); |\theta_{i+1} - \theta_i| \geqslant \varphi, \theta_1 \geqslant \varphi, \theta_k \geqslant 1 - \varphi\}$，$\varphi = \dfrac{h}{T}$（$h$ 为每个阶段的最小样本量）。θ_i 的估计量为 $\hat{\theta}_i = \dfrac{T_i}{T}$，$i = 1, \cdots, m$。$F_T^*$ 统计量为

$$F_T^*(\theta_1, \cdots, \theta_m;q) = \frac{1}{T}\left(\frac{T - (k+1)q}{kq}\right)\hat{\delta}' R'(R \hat{V}(\hat{\delta}) R')^{-1} R \hat{\delta}$$
$$(4-11)$$

其中，矩阵 R 满足条件 $(R\delta)' = (\delta_1' - \delta_2', \cdots, \delta_k' - \delta_{k+1}')$。$\hat{V}(\hat{\delta})$ 是 $\hat{\delta}$ 的方差—协方差矩阵 $V(\hat{\delta})$ 的估计量。对于完全结构突变模型而言，$V(\hat{\delta})$ 的表达式为

$$V(\hat{\delta}) = plim T(Z'Z)^{-1} Z'\rho Z (Z'Z)^{-1} \qquad (4-12)$$

式中 $\rho = E(UU')$。模型的残差序列和数据序列分布不同，$\hat{V}(\hat{\delta})$ 的形式也不同[①]。

Bai 和 Perron（1998，2003）[5,6]还提出了序贯检验法，检验统计量是 $sup\, F_T((l+1) \mid l)$，它可以用来检验模型具体存在多少个结构突变点。原假设是有 l 个结构突变点，备择假设是有 $l+1$ 个结构突变点。若包含 $l+1$ 个结构突变点对应的残差平方和最小值 $min_{T_1,\cdots,T_{l+1}}\, S_T(T_1,\cdots,T_{l+1})$ 显著小于具有 l 个结构突变点对应的 $min_{T_1,\cdots,T_l}\, S_T(T_1,\cdots,T_l)$，则 $sup\, F_T((l+1) \mid l)$ 统计量的值大于临界值，拒绝模型只有 l 个结构突变点的原假设。确定模型具有 m 个结构突变点的原则是：$sup\, F_T(m \mid (m-1))$ 大于临界值，而 $sup\, F_T((m+1) \mid m)$ 小于临界值。

4.4　人民币汇率制度变迁的实证分析

4.4.1　实证分析结果

根据第三部分选择的计量模型和变迁点的估计方法，利用 GAUSS9.0 软件进行计量分析。表 4.4、表 4.5 和表 4.6 为 1999—2017 年人民币汇率制度变迁的实证结果。

表 4.4　　　　　　　　人民币汇率制度变迁的时点及个数

$sup\, F_T(1)$	$sup\, F_T(2 \mid 1)$	$sup\, F_T(3 \mid 2)$	$sup\, F_T(4 \mid 3)$	$sup\, F_T(5 \mid 4)$	$sup\, F_T(6 \mid 5)$
158.95 ***	37.580 ***	37.581 ***	51.518 ***	46.710 ***	24.33
结构突变点位置	2005.06	2008.07	2010.07	2011.09	2015.07
结构突变点的置信区间	2005.06 ~ 2005.06	2008.06 ~ 2008.10	2010.05 ~ 2010.08	2011.07 ~ 2011.10	2015.03 ~ 2015.08

$sup\, F_T(1)$ 统计量的原假设是无结构突变点，备择假设是有一个结构突变点，若 $sup\, F_T(1)$ 显著，则拒绝无结构突变点的原假设。$sup\, F_T((i+1) \mid i)$ 统计量是序贯检验的统计量，其中 $i=1$，2，3，$\cdots$。表 4.4 显示，

---

① 由于篇幅所限在此不对 $\hat{V}(\hat{\delta})$ 的具体形式进行阐述，详见：Bai J, Perron P. Estimating and Testing Linear Models with Multiple Structural Changes [J]. Econometrica, 1998, 66 (1): 47 – 78。

$sup\,F_T(5\,|\,4)$ 的检验拒绝了原假设，而 $sup\,F_T(6\,|\,5)$ 接受了原假设。因此，在 1999 年 1 月至 2017 年 5 月，人民币汇率制度有五个转折点。其中，有三个变迁点分别与第一次人民币汇率制度改革（2005 年 7 月）、第二次人民币汇率制度改革（2010 年 6 月）和第三次人民币中间价形成机制改革（2015 年 8 月）的时间基本吻合。除此之外，还发现两个非官方公布的时点，即 2008 年 9 月和 2011 年 9 月。

表 4.5　　　　　　　　人民币汇率制度中锚货币权重

及汇率制度弹性（英镑系数作为约束条件）

货币	第一阶段	第二阶段	第三阶段	第四阶段	第五阶段	第六阶段
美元	1.00 *** (28.67)	0.90 *** (13.30)	0.92 *** (9.91)	0.74 *** (6.97)	0.88 *** (14.80)	0.30 *** (5.07)
欧元	0.00 (0.06)	0.15 *** (2.67)	0.02 (0.46)	0.19 *** (2.98)	0.04 (0.92)	0.00 (0.06)
日元	0.00 (0.01)	0.03 (0.95)	0.02 (0.70)	−0.00 (−0.04)	−0.07 (−2.95)	−0.01 (−0.15)
韩元	0.00 (0.01)	−0.07 ** (−2.06)	0.00 (0.03)	0.01 (0.09)	0.05 (1.45)	−0.05 (−0.15)
新加坡元	−0.00 (−0.04)	0.15 ** (2.21)	0.01 (0.18)	−0.08 (−0.49)	0.01 (0.23)	0.64 *** (7.80)
英镑	0.00	−0.16	0.03	0.14	0.09	0.12
外汇市场压力指数	0.00 (0.01)	0.11 ** (2.11)	0.05 (0.67)	0.20 ** (2.18)	0.11 ** (2.14)	0.29 *** (3.89)
常数项	−0.00 (−0.01)	−0.01 *** (−4.93)	−0.00 (−0.86)	−0.01 *** (−4.71)	−0.00 (−0.49)	0.00 *** (5.89)

注：实证结果表中"*"表示估计系数或统计量在 10% 的显著水平下是显著的；"**"表示估计系数或统计量在 5% 的显著水平下显著；"***"表示估计系数或统计量在 1% 的显著水平下显著。括号内的数字表示估计系数的 t 检验值。若估计系数是显著的，但系数为负，表明两种货币的汇率变动趋势相反，这与盯住汇率制的定义相悖。因此，若估计系数为负表明该货币不是被盯住的锚货币。

　　表4.5 为各阶段人民币汇率制度中锚货币权重和汇率制度弹性。由于表4.5 中英镑在人民币货币篮子中的权重是根据锚货币权重之和为1 的约束计算得出的结果，故只能知道权重的数值，但不知道英镑对人民币汇率的影响是否显著。为了解英镑对人民币汇率的影响是否显著，把约束条件（4-4）中英镑系数替换为日元系数，再次估计的结果如表4.6 所示。

表4.6　　　　　　　　人民币汇率制度中锚货币权重

及汇率制度弹性（日元系数作为约束条件）

货币	第一阶段	第二阶段	第三阶段	第四阶段	第五阶段	第六阶段
美元	1.00 *** (28.67)	0.90 *** (13.28)	0.92 *** (9.91)	0.74 *** (6.97)	0.88 *** (14.80)	0.30 *** (5.07)
欧元	0.00 (0.06)	0.15 *** (2.67)	0.02 (0.46)	0.19 *** (2.98)	0.04 (0.92)	0.00 (0.06)
韩元	0.00 (0.01)	-0.07 ** (-2.06)	0.00 (0.03)	0.01 (0.09)	0.05 (1.45)	-0.05 (-0.15)
英镑	-0.00 (-0.04)	-0.15 *** (-3.30)	0.02 (0.85)	0.14 (1.57)	0.08 * (1.81)	0.11 *** (3.58)
新加坡元	-0.00 (-0.04)	0.15 ** (2.21)	0.01 (0.18)	-0.08 (-0.49)	0.01 (0.23)	0.64 *** (7.80)
日元	0.00	0.02	0.03	0.00	-0.06	0.00
外汇市场压力指数	0.00 (0.01)	0.11 ** (2.11)	0.05 (0.67)	0.20 ** (2.18)	0.11 ** (2.14)	0.29 *** (3.89)
常数项	-0.00 (-0.01)	-0.01 *** (-4.93)	-0.00 (-0.86)	-0.01 *** (-4.71)	-0.00 (-0.49)	0.00 *** (5.89)

　　注：*** 表示估计系数在1% 显著水平下是显著的，** 表示估计系数在5% 显著水平下是显著的，* 表示估计系数在10% 显著水平下是显著的。

　　两次估计结果中锚货币权重和汇率制度弹性无明显变化，这表明估计结果是稳健的。鉴于日元的系数在模型的估计结果中都不显著，因此，以表4.6 的估计结果为基准进行解释。从锚货币的选择情况来看，在第一和第三阶段中，人民币参考的货币篮子中只有美元。除第三阶段外，2005 年 7 月以后，人民币实行的一直是参考货币篮子的汇率制度，美元、欧元、英镑和新加坡元都充当过货币篮子中的货币。在前五个阶段中，美元在人民币参考的货币篮子中都占据绝对主导地位。在最后一个阶段中，美元的权重系数降至 0.3，这意味着 2015 年的"8·11"汇率形成机制改革后，人民币汇率制度确实发生了实质性的变化。从外汇市场压力指数来看，除第一和第三阶段以外，中国的汇率制度弹性估计结果都是显著的。其中，第六阶段的汇率制度弹性最大。

4.4.2 人民币汇率制度的变迁

根据实证结果对人民币汇率制度进行分类。IMF 把汇率制度划分为硬盯住、软盯住、浮动和其他管理。若一国采取硬盯住或软盯住汇率制度，利用新外部货币锚模型能检测到锚货币及其影响系数，且汇率制度缺乏弹性；其他管理或浮动汇率制则可能检测不到锚货币，且汇率制度富有弹性。由此，参照李婧和解祥优（2015）提出的锚货币和汇率制度弹性分类法，即根据锚货币选择和汇率制度弹性对人民币汇率制度进行分类[85]。

锚货币和汇率制度弹性分类法可参照两个标准。一是根据汇率制度的锚货币选择划分：无锚货币、盯住单一货币（锚货币只有一种）或盯住货币篮子（锚货币有多种）。其中，盯住单一货币分为弱盯住（0~0.09）①、盯住（0.1~0.49）、高度盯住（0.5~0.89）、单一盯住（0.9~1）。二是根据汇率制度弹性的大小划分：汇率制度无弹性（外汇市场压力指数估计系数不显著）、汇率制度有较弱的弹性（0~0.19）、汇率制度有弹性（0.2~0.49）、汇率制度富有弹性（0.5~0.79）、自由浮动汇率制（0.8~1）。倘若新外部模型的实证结果不仅没有检验出锚货币的存在，而且代表汇率制度弹性的系数也不显著，那么锚货币和汇率制度弹性分类法则无法判断该汇率制度，因而把这种汇

---

① 若某一锚货币的汇率变动率对一国货币汇率变动率的影响系数（系数必须是显著的）在区间 [0，0.1] 内，则认为该货币弱盯住某一锚货币，同理可得其他分类标准。

率制度划分为其他类型。

根据表 4.7 的分类结果，锚货币及汇率制度弹性分类法能够直观且有效地判断中国的汇率制度安排。在 2005 年汇率制度改革前和国际金融危机爆发至 2010 年汇率制度改革期间，中国实行的是单一盯住美元汇率制。在其余时间段，中国实行的是盯住货币篮子（美元、欧元、英镑和新加坡元），有一定汇率制度弹性的汇率制度。从整个考察期来看，美元对人民币的影响有着逐渐减弱的趋势，人民币不再单一盯住美元，中国已经表现出较强的"去美元化"特征。1999 年 1 月至 2017 年 5 月，人民币汇率制度的演变特点是汇率制度弹性增加。中国由盯住外部货币转变为更加富有弹性的汇率制度。

表 4.7　人民币汇率制度变迁（锚货币及汇率制度弹性分类法）

时间段	锚货币	汇率制度弹性
1999 年 1 月至 2005 年 6 月	单一盯住美元	汇率制度无弹性
2005 年 7 月至 2008 年 7 月	盯住货币篮子（美元、欧元、新加坡元）	汇率制度有较弱的弹性
2008 年 8 月至 2010 年 7 月	单一盯住美元	汇率制度无弹性
2010 年 8 月至 2011 年 9 月	盯住货币篮子（美元、欧元）	汇率制度有弹性
2011 年 10 月至 2015 年 7 月	盯住货币篮子（美元、英镑）	汇率制度有较弱的弹性
2015 年 8 月至 2017 年 5 月	盯住货币篮子（美元、新加坡元、英镑）	汇率制度有弹性

4.5　本章小结

理论分析表明，根据不可能三角假说，随着中国跨境资本流动规模日益增多，中国应该实行更为浮动的汇率制度来保证国内货币政策的独立性；根据最优货币区理论，随着中国经济规模不断增大，贸易区域的分散化，出口产品结构多元化，中国应当选择更为浮动的汇率制度；随着中国国内金融市场的逐渐完善，中国已经逐渐具有克服浮动恐惧和原罪的基础条件。因此，人民币汇率的市场化具有很强的可行性，同时也有助于中国宏观经济的稳定发展。

中国确实正由盯住汇率制转变为更加富有弹性的汇率制度。从锚货币选择的角度来看，1999 年 1 月至 2015 年 7 月，美元是人民币主要盯住的锚货币，但是美元的权重有着减弱的趋势，在 2015 年 8 月以后，美元在人民币货币篮子中的权重仅为 0.3。由此可见，中国表现出较强的"去美元化"特征。

1999 年 1 月至 2015 年 7 月，中国具有一定的浮动恐惧特点。一方面，这是由于中国长期保持着双顺差，人民币始终有升值压力，倘若央行不干预外汇市场稳定汇率，人民币的升值可能会对出口产生不利影响。同时，中国的进出口商还不够成熟，汇率大幅波动很可能会对进出口商造成很大的冲击。另一方面，中国积累了大量的外汇储备，人民币对美元的升值意味着外汇储备资产的缩水。汇率保持稳定能为国际贸易和投资商带来一个稳定的环境，并有助于保持国内物价水平稳定。因此，中国长期保持了高度盯住美元的汇率制度。但是，正如上文分析，长期盯住美元具有较高的成本，如货币政策缺乏独立性等。因此，人民币是有意愿与美元脱钩的。随着时间的推移，国内的进出口商不断成熟以及金融市场体系不断完善，进出口商可以利用期货和期权等远期市场工具进行汇率的风险对冲，人民币汇率制度转为市场化的汇率制度是可行的。人民币汇率制度正朝着更加弹性化的方向发展。最终，人民币汇率制度将由两极汇率制度中的固定汇率制度转向浮动汇率制度。

实证分析结果表明，在考察期内，汇率制度发生过五次变迁，比官方公布汇率制度改革次数多两次（2008 年 8 月和 2011 年 10 月）。2008 年 8 月，国际金融危机爆发，为维持国内经济稳定，并且避免东亚区域货币竞争性贬值，人民币汇率制度从有管理的浮动汇率制回归到单一盯住美元汇率制。2011 年 10 月，央行对人民币参考的货币篮子作了细微调整。其余汇率制度变化时点和官方公布的汇率制度变化时间基本吻合。这反映出人民币汇率制度的透明度较高，央行公布的官方汇率制度和实际汇率制度存在一定差别，但是大部分时间两者的差别较小。

为考察汇率制度选择对中国货币政策独立性的影响，根据人民币汇率制度的变迁时点，本文拟选取六个不同时点考察中国货币政策独立性的差异，分别是 2005 年 5 月（汇率制度变化前）、2005 年 8 月（第一次人民币汇率制度改革后）、2008 年 9 月（事实上回归盯住美元汇率制、国际金融危机后），2010 年 10 月（第二次汇率制度改革后），2011 年 10 月（事实上人民币汇率制度调整时点），2015 年 9 月（2015 年"8·11"汇率形成机制改革后）。其中，汇率制度弹性从大到小的排序依次为：2015 年 9 月、2010 年 10 月、2005 年 8 月和 2011 年 10 月、2008 年 9 月和 2005 年 5 月。其中，前四个时点是有管理的浮动汇率制，后两个时点是盯住美元制。

第 5 章　汇率制度选择对中国货币政策独立性影响的实证分析

汇率制度选择会对货币政策独立性产生显著影响。第 3 章的理论分析表明，在不同汇率制度下，国外货币政策和中国国际收支失衡对中国货币政策产生的影响效果会有所不同，即中国货币政策独立性会有所变化。第 4 章对 1999—2017 年人民币汇率制度的变迁进行实证分析，得出了人民币汇率制度的实际变化时点。按照理论分析框架，处于不同人民币汇率制度时点，国外货币政策和中国国际收支失衡对中国货币政策的影响效果可能会表现出一定的差异性。

在理论分析的基础上，本章通过建立计量模型，实证分析汇率制度选择对中国货币政策独立性的影响，并着重回答两个问题：（1）中国国际收支失衡和国外货币政策对中国货币政策的影响程度，即中国能在多大程度维持货币政策独立性。（2）在不同汇率制度下，国外货币政策和中国国际收支失衡对中国货币政策影响的差异性，即汇率制度选择对中国货币政策独立性的影响效果。

本章的主要内容结构包括：（1）选取实证分析所需的变量并对各变量进行解释，说明数据来源；（2）阐述计量方法的原理和构建计量模型；（3）详细分析实证分析得出的结果并与现有理论的分析结果进行比较。

5.1　变量选择和数据来源

中国货币政策工具中包含再贴现率、存款准备金率、公开市场操作、金融机构存贷款基准利率和再贷款利率等。其中，再贴现率的使用频率很低，1998 年至今的调整频率低于每年一次，故不能很好地反映出货币政策的变化。中国公开市场操作的历史数据很短。公开市场操作主要是对基础货币量会产生影响，故基础货币供应量的变化包含公开市场操作。

为此，选取基础货币、再贷款利率、贷款基准利率和存款准备金率来提取中国货币政策因子。其中，再贷款利率和贷款基准利率分别选取 1 年期和 1~5 年期的利率。

理论分析表明，中国货币政策会受到国外货币政策和中国国际收支失衡的影响。很多研究者采用外汇储备作为衡量中国国际收支失衡的变量（范从来和赵永清，2009；胡再勇，2010；裘骏峰，2015；孙华好，2007；王三兴和王永中，2011；张明，2012）[69,77,93,98,107,128]。第 4 章的实证结果表明，人民币汇率制度长期缺乏弹性，国际收支失衡的状态会直接通过储备资产的变化显现出来。中国储备资产主要是以外汇储备的形式存在，因此，采用中国官方外汇储备增量确实可以很好地衡量中国国际收支失衡的规模。

本书选取美国利率水平来衡量美国货币政策。次贷危机之后，美国采用过非常规货币政策工具提振国内经济。在存在非常规货币政策工具的情况下，名义利率水平接近于零，因而它不能完全反映国内货币政策的状态。Wu 和 Xia（2016）指出在存在非常规货币政策工具的情况下，需要估算一国的影子利率水平（Shadow interest rate）来表示真实的货币政策状态，他们估算了 2009 年 1 月至 2015 年 11 月美国的影子利率水平[66]。美国利率水平是由美国联邦基金利率和影子利率综合得到的。

2008 年国际金融危机爆发后，美联储相继推出三轮量化宽松货币政策（Quantitative Easing Monetary Policy，以下简称 QE）。量化宽松货币政策的主要操作是资产购买计划，这会使美联储的资产负债表迅速扩张，并压低长期利率，促进资本市场发展，进而促进国内经济增长。量化宽松货币政策有着较强的外溢性，造成全球流动性过剩，尤其是新兴市场经济，会面临大规模的资本流入。随着美国经济的复苏，伯南克在 2013 年 6 月释放出削减资产购买计划的信号，并引发了市场的 QE 削减恐慌。为分析美国量化宽松货币政策的实施对中国实体经济、金融市场和货币政策产生的影响。本书设置一个量化宽松货币政策虚拟变量，该变量在三轮量化宽松货币政策推出时点 2008 年 11 月（QE1）、2010 年 11 月（QE2）、2012 年 9 月（QE3）和 2013 年 6 月（QE 退出信号）取值为 1，其余时点取值为 0。

本书采用全球货币政策因子表示发达经济体的货币政策状态，它是根据四个发达经济体（美国、欧元区、日本和英国）的利率综合提取的利率因子。由于国内经济增长乏力，发达经济体先后都采用过非常规货币政策工具刺激国内经济增长。在存在非常规货币政策工具的情况下，名义利率水平接近于零，因而它不能完全反映国内货币政策的状态。Wu 和 Xia（2016）计算了欧元区和英国的影子利率[66]。Imakubo 和 Nakajima（2015）对日本的影子利率①进行了估计[42]。因此，代表发达经济体货币政策的变量包括美国联邦基金利率、欧元区央行利率以及各经济体的影子利率水平。其中，采用影子利率代表一国货币政策的时间区间分别是欧元区（2004 年 9 月至 2017 年 5 月）、日本（1999 年 1 月至 2017 年 5 月）和英国（1999 年 1 月至 2017 年 5 月）。

除国外货币政策和国际收支失衡以外，随着中国逐渐融入世界经济金融一体化进程中，全球金融市场的风险波动对中国实体经济、金融市场和货币政策很可能产生显著的影响。近年来，很多研究者认为芝加哥期权交易所波动率指数（Chicago Board Options Exchange Volatility Index，VIX）是一个能够良好刻画全球风险因子的变量（Bruno and Shin，2013；Rey，2015；Obstfeld，2015）[12,62,56]。当全球风险因子处于较低水平时，投资者的风险承受能力会更高；发达经济体和新兴市场经济体之间的跨境资本流动会受到全球风险因子的影响。因此，本书把 VIX 作为一个外生变量加入实证模型中。

参照 Pang 和 Siklos（2016）[58] 和 Lombardi、Siklos 和 Xie（2018）[48] 对中国经济变量的选取，实体经济变量包括工业产出、通货膨胀、能源产量、经济景气指数、原油价格和净出口，金融变量包括信贷水平、房地产价格指数、银行间隔夜拆借利率、股票市场价格指数。此外，向量自回归模型的变量还包括债券收益率、名义汇率水平和信贷水平。文中采用的各变量符号对应的变量及其含义如表 5.1 所示。

---

① 感谢国际治理创新中心（CIGI）Siklos 教授提供的日本影子利率数据。

表 5.1　　　　　　　　　　　　　主要变量及其含义

项目	变量	变量含义	衡量指标
中国实体经济	Y	工业产出	工业增加值
	π	通货膨胀	中国居民消费价格指数（CPI）同比增长率
	Coal	能源产量	中国原煤产量
	ECI	经济景气指数	中国经济景气先行指数
	P_{Oil}	能源价格	布伦特原油（Brent Crude）价格
	XM	净出口	中国净出口
中国金融市场	Loan	信贷水平	中国金融机构贷款余额
	$P_{Property}$	房地产价格指数	36 个大中城市的房地产平均价格指数
	Stock	股票价格指数	上海证券综合指数
	i_t^{bank}	银行间拆借利率	中国银行间隔夜拆借利率
中国货币政策	MB	基础货币	中国基础货币供应量
	i^r	再贷款基准利率	再贷款基准利率（1 年期）
	i^l	贷款基准利率	贷款基准利率（1～5 年期）
	RRR	存款准备金	央行法定存款准备金率
国际收支失衡	Res	中国国际收支失衡	中国官方外汇储备增量
全球货币政策	FFR/ i_t^{US}	美国利率水平	美国联邦基金利率和影子利率
	i_t^{euro}	欧元区利率水平	主要再融资操作利率和欧元区影子利率水平
	i_t^{uk}	英国利率水平	英国影子利率水平
	i_t^{ja}	日本利率水平	日本影子利率水平
其他变量	e	汇率水平	人民币对美元汇率
	ΔL	债券收益率	中国国库券收益率（3 个月）
	VIX	全球风险因子	芝加哥期权交易所波动率指数

数据来源包括：中国国家外汇管理局、国家统计局、环亚经济数据有限公司（CEIC）、美联储圣路易斯分行（St. Louis Fed）、国际货币基金组织（International Monetary Fund，IMF）、世界银行（The World Bank）和万得（Wind）数据库。美国、欧元区和英国的影子利率水平来源于：https：//sites. google. com/site/jingcynthiawu/home/wu － xia － shadow － rates。日本央行基准利率由日本央行提供。

5.2　实证分析方法

5.2.1　因子增广型向量自回归模型

VAR 模型被广泛用作分析货币政策框架的计量分析方法。Sims

（1980）提出向量自回归模型（Vector Autoregression Model，VAR）[65] 之后，该模型得到广泛应用。该模型能够很好地刻画系统中各变量之间的相互作用关系。本书的 VAR 模型内生变量包括工业增加值、通货膨胀率、债券收益率、中国货币政策因子、人民币对美元名义汇率、中国贷款总量余额以及外汇储备。模型表述如下：

$$Z_t = A_0 + \sum_{i=1}^{p} A_i Z_{t-P} + \varepsilon_t \qquad (5-1)$$

$$Z_t = [Y, \pi, \Delta L, F_{M1}, F_{M2}, e, Loan, Res]' \qquad (5-2)$$

本书不考虑中国货币政策对美国等发达经济的货币政策的影响，把美国货币政策、量化宽松货币政策以及全球金融风险因子 VIX 当做外生变量。在考虑外生变量后，模型可写成

$$Z_t = A_0 + \sum_{i=1}^{p} A_i Z_{t-P} + B_1 i_t^{us} + C_1 VIX_t + D_1 Q E_{dummy} + \varepsilon_t \quad (5-3)$$

当考察全球货币政策因子对中国经济和货币政策的影响时，上述模型变为

$$Z_t = A_0 + \sum_{i=1}^{p} A_i Z_{t-P} + B_1 i_t^{G} + C_1 VIX_t + D_1 QE\_dummy + \varepsilon_t \quad (5-4)$$

上述 VAR 模型能够较好地反映国外货币政策、中国货币政策、工业产出和物价水平等变量之间的关系，但模型包含的经济变量较少。因而，它无法刻画国外货币政策对中国整个实体经济和金融市场的影响。若 VAR 模型包括很多经济系统变量，无疑会使模型待估计参数剧增，无法进行有效估计。

为实现包含多个经济变量的信息，又不增加 VAR 模型待估计参数个数的目标，Bernanke 和 Boivin（2003）[10] 及 Bernanke、Boivin 和 Eliasz（2005）[11] 提出因子增广型向量自回归模型（FAVAR），该模型将因子分析（factor analysis）和 VAR 模型进行结合。Pang 和 Siklos（2016）[58] 采用 FAVAR 模型分析了货币政策对实体经济和金融市场的影响。余振等（2015）利用 FAVAR 模型分析美国量化宽松货币政策对中国经济的影响。他们认为美国退出量化宽松货币政策后，中国股票市场、房地产市场、人民币汇率水平和中国外汇储备规模会受到显著影响[124]。FAVAR 模型

的优点是能涵盖多个反映实体经济、金融市场和货币政策的变量,更全面地反映出整个经济系统的内在联系。

　　FAVAR 模型刚被提出时,是把所有经济变量(实体经济和金融变量)放在一起提取因子,对得出的公共因子较难给出准确的经济含义。为解决这一问题,Belviso 和 Milani(2006)提出在进行因子分析前,对经济变量进行分组,从而能够对提取出来的因子赋予相应的经济意义[7]。本书把经济变量分为三组:实体经济变量(R)、金融市场变量(F)和货币政策变量(M)。模型可表述成式(5-5)。

$$
\begin{bmatrix} R_t^{CN} \\ F_t^{CN} \\ M_t^{CN} \\ Res_t^{CN} \end{bmatrix} = \sum_{i=1}^{p} C(L) \begin{bmatrix} R_{t-i}^{CN} \\ F_{t-i}^{CN} \\ M_{t-i}^{CN} \\ Res_{t-i}^{CN} \end{bmatrix} + D(L) \begin{bmatrix} i_t^{US} \\ QE \\ VIX_t \end{bmatrix} + \varepsilon_t \qquad (5-5)
$$

其中,$\begin{bmatrix} i_t^{US} \\ QE \\ VIX_t^{US} \end{bmatrix}$ 是外生变量。在分析全球货币政策因子对中国经济和货币

政策的影响时,上述模型中的 i_t^{US} 变为 i_t^{G},模型表述如下:

$$
\begin{bmatrix} R_t^{CN} \\ F_t^{CN} \\ M_t^{CN} \\ Res_t^{CN} \end{bmatrix} = \sum_{i=1}^{p} C(L) \begin{bmatrix} R_{t-i}^{CN} \\ F_{t-i}^{CN} \\ M_{t-i}^{CN} \\ Res_{t-i}^{CN} \end{bmatrix} + D(L) \begin{bmatrix} i_t^{G} \\ QE \\ VIX_t \end{bmatrix} + \varepsilon_t \qquad (5-6)
$$

　　因为 FAVAR 模型能够包含多个实体经济和金融市场变量的信息,所以它能更为全面地反映出中国实体经济、金融市场和货币政策受到国外货币政策、中国国际收支失衡和全球金融风险因子的影响。

5.2.2　时变参数向量自回归模型

　　理论分析表明,在不同的汇率制度下货币政策独立性可能不一样。为验证上述结论,本书采用时变向量自回归模型(Time - varying VAR model)进行实证分析。

Primiceri（2005）构建具有随机波动的贝叶斯时变向量自回归模型（TVP－SV－VAR），该模型具有时变参数和时变波动性，可以很好地估计出模型的时变性特征[59]。Nakajima（2011）[54]、Arratibel 和 Michaelis（2014）[4]分别运用 TVP－SV－VAR 模型对日本、波兰的货币政策冲击进行检验，估计结果表明两国货币政策有着明显的时变性。为考察中国货币政策受到美国货币政策、全球货币政策因子和中国国际收支失衡的影响是否会随时间而变化，本书借鉴 Primiceri（2005）[59]提出的 TVP－SV－VAR 模型进行估计，模型如方程（5－7）所示。

$$y_t = c_t + B_{1,t} y_{t-1} + \cdots + B_{k,t} y_{t-k} + \mu_t \quad t = 1,2,\cdots,T \quad (5-7)$$

其中，y_t 是一个 $n \times 1$ 维的内生变量，c_t 是一个具有时变特征的 $n \times 1$ 维常数向量，B 是 $n \times n$ 维时变系数矩阵，μ_t 是协方差矩阵为 D 的不可观测的冲击向量。

定义 $ADA' = \sum \sum'$，其中 A 为下三角矩阵，$\sum$ 是对角矩阵。则有

$$y_t = c_t + B_{1,t} y_{t-1} + \cdots + B_{k,t} y_{t-k} + A_t^{-1} \sum_t \varepsilon_t \quad (5-8)$$

ε_t 的方差矩阵为单位矩阵。式（5－8）可写为 $y_t = X_t' B_t + A_t^{-1} \sum_t \varepsilon_t$。其中，$X_t' = y_t \otimes [1, y_{t-1}', \cdots, y_{t-k}']$。$\otimes$ 是克罗内克积符号。

模型的时变参数定义如下：

$$B_t = B_{t-1} + v_t$$

$$\alpha_t = \alpha_{t-1} + \gamma_t$$

$$\log\sigma_t = \log\sigma_{t-1} + \eta_t$$

其中，α_t 是 A 矩阵中不等于 0 和 1 的元素，σ_t 是 $\sum_t$ 矩阵中对角线上的元素。模型中所有的信息都假设为服从联合正态分布，并有以下形式的方差—协方差矩阵：

$$V = Var\left(\begin{bmatrix} \varepsilon_t \\ v_t \\ \gamma_t \\ \eta \end{bmatrix} \right) = \begin{bmatrix} I & 0 & 0 & 0 \\ 0 & Q & 0 & 0 \\ 0 & 0 & S & 0 \\ 0 & 0 & 0 & W \end{bmatrix} \quad (5-9)$$

Q、S 和 W 是正定矩阵。

本书采用贝叶斯估计 TVP – SV – VAR 模型，选取学习样本估计贝叶斯估计的先验值。假设 Q、S 和 W 的先验参数服从逆威沙特（Invert – Wishart）分布，设定参数 $k_Q = 0.01$，$k_s = 0.1$，$k_W = 0.01$。

模型参数的估计是通过在贝叶斯框架下进行蒙特卡罗（MCMC）算法进行计算。第一步，参数先验概率分布的设定提供蒙特卡罗算法的初始迭代值；第二步，蒙特卡罗算法依次对参数的条件后验概率进行抽样，形成参数的条件后验分布；第三步，构造合适的冲击矩阵对简约形式的冲击进行重组，验证相关的约束形成脉冲响应冲击结果。实证分析结果由 R 软件估计得出。

由于时变向量自回归模型估计参数很多，模型不宜包含过多变量。为此，分别考察外汇储备增量、美国货币政策、全球货币政策因子和全球风险因子对中国货币政策、实体经济和金融市场的影响。模型如下：

$$\begin{bmatrix} R_t^{CN} \\ F_t^{CN} \\ M_t^{CN} \\ Res_t \end{bmatrix} = B_t(L) \begin{bmatrix} R_{t-i}^{CN} \\ F_{t-i}^{CN} \\ M_{t-i}^{CN} \\ Res_{t-i} \end{bmatrix} + \varepsilon_t \qquad (5-10)$$

$$\begin{bmatrix} R_t^{CN} \\ F_t^{CN} \\ M_t^{CN} \\ i_t^{US} \end{bmatrix} = B_t(L) \begin{bmatrix} R_{t-i}^{CN} \\ F_{t-i}^{CN} \\ M_{t-i}^{CN} \\ i_{t-i}^{US} \end{bmatrix} + \varepsilon_t \qquad (5-11)$$

$$\begin{bmatrix} R_t^{CN} \\ F_t^{CN} \\ M_t^{CN} \\ i_t^{G} \end{bmatrix} = B_t(L) \begin{bmatrix} R_{t-i}^{CN} \\ F_{t-i}^{CN} \\ M_{t-i}^{CN} \\ i_{t-i}^{G} \end{bmatrix} + \varepsilon_t \qquad (5-12)$$

$$\begin{bmatrix} R_t^{CN} \\ F_t^{CN} \\ M_t^{CN} \\ VIX_t \end{bmatrix} = B_t(L) \begin{bmatrix} R_{t-i}^{CN} \\ F_{t-i}^{CN} \\ M_{t-i}^{CN} \\ VIX_{t-i} \end{bmatrix} + \varepsilon_t \qquad (5-13)$$

5.3 实证分析结果

5.3.1 因子分析结果

因子分析过程中，估计因子的方法是最大似然法（Maximum likelihood method），决定因子个数的方法是 Kaiser - Guttman。因子分析结果[①]表明，中国货币政策具有两个因子，旋转后的因子载荷矩阵如表 5.2 所示。

表 5.2　　　　　　　　　中国货币政策因子载荷矩阵

变量名	第一个货币政策因子（F1_MON）	第二个货币政策因子（F2_MON）
基础货币	0.09	0.33
存款准备金率	0.15	0.42
贷款基准利率	0.99	0.08
再贷款基准利率	0.70	0.04

注：若估计出的因子多于一个，则对因子载荷矩阵进行旋转。文中显示的结果都是旋转之后得出的结果。

主导第一个货币政策因子的变量是贷款基准利率和再贷款基准利率，故该货币政策因子可看作利率政策因子。当因子得分上升时表示利率政策从紧，当因子得分下降时表示利率政策宽松。从中国货币政策因子得分趋势图 5.1 可看出，利率政策因子在大部分时间里都是比较稳定的，这和中国货币政策长期保持稳健的货币政策状态有关。利率政策因子仅在少数时间有较为剧烈的变化，如 20 世纪 90 年代末的东亚金融危机期间以

---

①　本书实证分析中的变量均是平稳序列。若原序列不平稳，则对其进行取一阶差分（$X_t - X_{t-1}$）、对数差分 $\log X_t - \log X_{t-1}$ 或同比增长率 $\log X_t - \log X_{t-12}$。

及 2008 年爆发的国际金融危机期间，利率政策因子都有显著的下降，这主要是为应对危机而采取的刺激性措施。

主导第二个货币政策因子的变量有存款准备金率和基础货币。该货币政策因子可看作数量型货币政策。基础货币和存款准备金的因子载荷符号都为正。2001—2011 年，该因子表现为上升趋势，其中一个重要的原因是外汇储备快速上升导致基础货币量随之上升，同时央行提高存款准备金率以减小货币乘数，防止国内广义货币供应量增长过快。

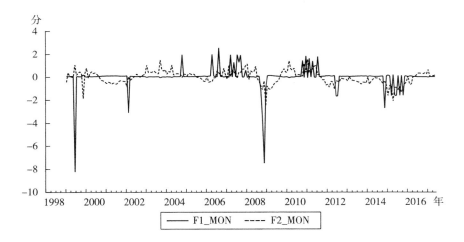

图 5.1　中国货币政策因子得分趋势

对代表中国实体经济的六个变量进行因子分析，得出两个实体经济因子。中国实体经济的因子载荷矩阵如表 5.3 所示。

表 5.3　　　　　　　　　中国实体经济因子载荷矩阵

变量名	第一个中国实体经济因子 （F1_REAL）	第二个中国实体经济因子 （F2_REAL）
工业增加值	0.89	0.32
居民消费价格指数	0.23	0.26
能源产量（原煤）	0.76	− 0.09
原油价格	0.17	0.99
净出口	− 0.13	− 0.03
经济景气指数	0.66	0.40

　　从中国实体经济因子载荷矩阵系数可知，主导中国实体经济的第一个因子是工业增加值、能源产量和经济景气指数，并且它们的系数都为正。该因子能够较好地代表中国产出水平。当因子得分上升时，实体经济处于向好发展的阶段；因子得分下降时，实体经济有着下滑的趋势。在东亚金融危机和国际金融危机期间，该因子得分都急剧下滑，说明实体经济受到金融危机的影响，增长放缓（见图5.2）。

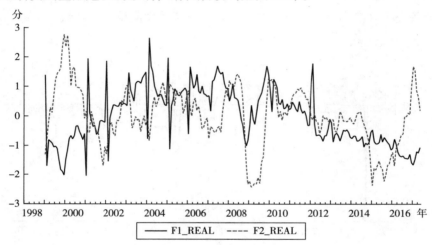

图5.2　中国实体经济因子得分趋势

　　中国实体经济的第二个因子是由价格因素主导，原油价格和居民消费价格指数的因子载荷系数较大。当该因子得分上升时，表明国内生产者的成本和居民消费价格指数会有所上升，反之则有所下降。

　　对代表中国金融市场的四个变量进行因子分析，得出一个金融市场因子。中国金融市场因子的载荷矩阵如表5.4所示。

表5.4　　　　　　　　　　　　中国金融市场因子载荷矩阵

变量名	中国金融市场因子（F_FIN）
贷款总量	0.36
房地产价格水平	0.77
股票市场价格指数（上海）	0.15
银行间隔夜拆借利率	−0.64

中国金融市场因子是综合贷款总量、房地产价格水平、上证综指和银行间隔夜拆借利率提取出来的。除银行间隔夜拆借利率的因子载荷系数为负以外，其余指标的载荷系数为正。当中国金融市场处于繁荣期时，金融市场因子得分上升；当中国金融市场处于衰退状态时，金融市场因子得分下降。东亚金融危机之后至国际金融危机之前，中国金融市场因子得分呈现逐渐上升的趋势。2008 年，受国际金融危机影响，中国金融市场因子得分有显著的下滑趋势。2009—2010 年，中国金融市场因子得分快速上涨，并在 2009 年 11 月达到一个波峰状态，这是由于中国为促进经济增长而实施的"四万亿元"计划引发贷款规模急剧扩张。2015 年，在中国股票市场泡沫和房地产价格迅速上涨的拉动下，中国金融市场因子得分同样出现显著的上升趋势（见图 5.3）。

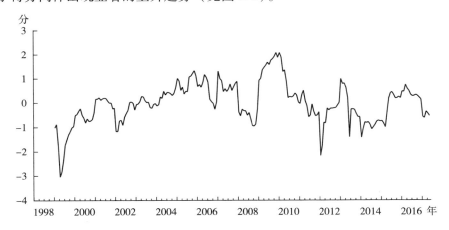

图 5.3 中国金融市场因子（F_FIN）得分趋势

对美国、欧元区、英国和日本的利率水平进行因子分析，得出一个全球货币政策因子。全球货币政策因子的载荷矩阵如表 5.5 所示。

表 5.5 　　　　　　　　　　全球货币政策因子载荷矩阵

变量名	全球货币政策因子（GLOBAL_I）
美国利率	0.40
欧元区利率	0.56
英国利率	0.60
日本利率	0.21

从全球货币政策因子的变动趋势，可发现两个规律：（1）与国际金融危机之后相比，国际金融危机之前的全球货币政策因子的波动幅度更小。这意味着在国际金融危机后，以上四个经济体更多地运用了货币政策工具调控本国经济的运行，并且整体保持在一个宽松的货币政策状态。（2）国际金融危机爆发后，2008年6月至2008年11月，全球货币政策因子得分有一个急剧下降的过程。显然，为应对金融危机的冲击，各发达经济体都采用了极度宽松的货币政策，货币政策出现了结构性变化（见图5.4）。

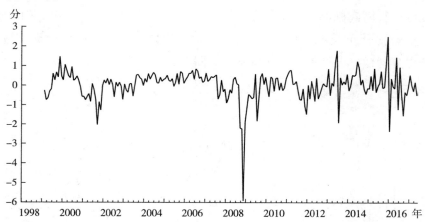

图5.4　全球货币政策因子（GLOBAL_I）得分趋势

图5.5描绘了考察期内美国利率水平变动、VIX变动和外汇储备变化率的趋势。次贷危机爆发后，美国利率水平有着两次大幅的负向变动，名义利率降到了零利率状态，而影子利率则表现为负利率状态。VIX的波动一直较为稳定，但在国际金融危机爆发期间，VIX呈现急剧上升趋势，即危机期间全球风险急剧上升。中国的外汇储备在1999—2014年一直保持正向的增长趋势；2014—2016年，中国外汇储备开始进入缩减状态。

5.3.2　向量自回归模型实证结果

在向量自回归模型中，将美国利率、全球货币政策因子、VIX和

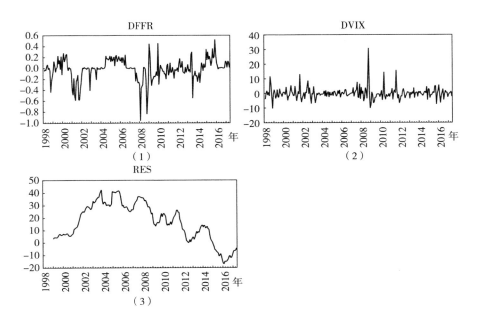

图 5.5　美国利率水平变动（DFFR）、

VIX 变动（DVIX）和外汇储备变化率（RES）

QE_dummy看作外生变量。向量自回归模型的滞后期选择是根据 AIC 准则得出的结果。向量自回归模型外生变量的系数估计结果如表 5.6 和表 5.7所示。

表 5.6　　　　美国货币政策对中国货币政策和经济的影响

变量	IP	CPI	ΔL	F1_MON	F2_MON	e	CREDIT	RES
FFR	2.22 **	− 0.13	0.29	0.58 *	0.06	0.33	− 0.24	− 2.27 ***
	(2.53)	(− 0.67)	(1.61)	(1.71)	(0.42)	(1.39)	(− 0.75)	(− 3.40)
VIX	− 0.04	0.01	0.00	− 0.03 **	0.00	0.01	− 0.01	− 0.08 **
	(− 1.03)	(0.65)	(0.46)	(− 2.03)	(0.05)	(1.14)	(− 0.64)	(− 2.60)
QE_dummy	− 1.51	0.13	0.94 ***	− 1.60 ***	0.49 **	0.05	− 0.39	− 0.67
	(− 1.21)	(0.46)	(3.72)	(− 3.38)	(2.43)	(0.14)	(− 0.88)	(− 0.71)

注：*** 表示估计参数在10%的显著水平下是显著的，** 表示估计参数在5%的显著水平下是显著的，* 表示估计参数在1%的显著水平下是显著的，下同。

表 5.7　　　　　全球货币政策因子对中国货币政策和经济的影响

变量	IP	CPI	ΔL	F1_MON	F2_MON	e	CREDIT	RES
Global_i	0.39	0.06	0.15 ***	0.38 ***	− 0.03	0.07	− 0.05	− 0.01
	(1.62)	(1.15)	(3.15)	(4.32)	(− 0.67)	(1.04)	(− 0.52)	(− 0.05)
VIX	− 0.04	0.01	0.01	− 0.02	− 0.00	0.01	− 0.01	− 0.07 **
	(− 0.93)	(0.91)	(0.89)	(− 1.44)	(− 0.11)	(1.19)	(− 0.66)	(− 2.22)
QE_dummy	− 1.21	0.17	1.05 ***	− 1.33 ***	0.47 **	0.1	− 0.43	− 0.7
	(− 0.96)	(0.60)	(4.18)	(− 2.89)	(2.33)	(0.29)	(− 0.94)	(− 0.71)

向量自回归模型外生变量的估计系数显示，美国利率水平和全球货币政策因子对中国利率政策因子有显著的正向影响。这表明中国利率政策受到多个发达经济体货币政策的影响。美国货币政策和全球货币政策因子对中国利率因子的影响系数分别为 0.56 和 0.37，美国利率水平对中国利率政策因子的影响要高于欧元区、日本和英国。

从美国货币政策和全球货币政策因子对中国利率因子影响系数的大小可知，中国利率政策没有与国外货币政策完全同步，只是在一定程度上受到影响，中国利率政策始终保持了一定的独立性。在汇率制度缺乏弹性的情况下，中国利率政策能保持独立性的原因主要有两个方面：一方面，中国一直保持着资本管制；另一方面，根据理论分析框架可知，中国长期保持结构性国际收支顺差，同时中国偏好资本流入，发达经济体对中国利率政策不会产生特别大的影响。因此，中国能在固定汇率制下维持一定的货币政策独立性。

美国货币政策和全球风险因子对中国外汇储备变化量有显著的负向影响。美国上调利率水平，美国资产需求上升，美元汇率走强，中国会有资本外流压力，中国外汇储备增加量下降。全球风险因子会显著影响全球跨境资本流动，当全球风险因子较低时，跨境资本流动规模较大，当全球风险因子较高时，跨境资本流动规模较小（Rey，2015）。当全球风险因子上升时，中国资本流入会减少，进而导致外汇储备增量减少。

美国量化宽松货币政策的实施对中国利率政策因子有显著的负向影响，对中国数量型货币政策有正向影响。这表明，量化宽松货币政策的实施会导致中国利率下行，美元流动性过剩，大量资本流入中国会使中

国国内货币供给量增加。全球风险因子对中国利率政策因子和外汇储备
有微小的负向影响。

美国货币政策对中国工业产出增加值有显著的正向影响。当美国上
调利率时，美国实体经济一般处于发展较好的时期，美国实体经济增长
快会带动中国出口，进而促进中国工业产出增加。

从外汇储备对系统内部变量的脉冲响应图 5.6 可知，外汇储备的正向
冲击会对工业增加值、通货膨胀和中国数量型货币政策因子造成显著的
正向影响。外汇储备正向冲击会让人民币对美元汇率升值，这表明中国
央行干预外汇市场依然无法完全消除人民币的升值压力。

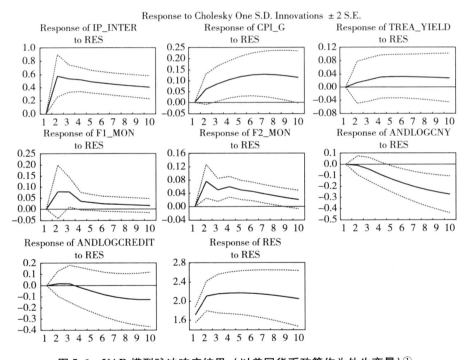

图 5.6　VAR 模型脉冲响应结果（以美国货币政策作为外生变量）①

---

① VAR 模型和 FAVAR 模型中以全球货币政策因子为自变量和美国货币政策为外生变量得
出的脉冲响应图基本一致，故仅列出以美国货币政策为自变量的模型得出的脉冲响应图。以全球
货币政策因子为外生变量得出的脉冲响应图见附录 A 和附录 B。

外汇储备的冲击并没有对中国利率产生显著影响。这其中的原因是，中国长期存在较为严格的利率管制，央行的基准利率水平一直维持在一个稳定的状态；中国央行实施的外汇冲销政策较为有效；中国央行基准利率对货币供求的敏感系数不高。因此，外汇储备增加没有让中国央行下调利率，即国际收支失衡没有对中国利率政策产生显著影响。

实证结果表明，中国利率政策受到美国货币政策、美国量化宽松货币政策实施和全球货币政策因子的影响，这说明汇率制度缺乏弹性约束了中国央行的宏观经济调控能力。中国利率政策没有受到中国外汇储备变化的影响，这是由于中国利率存在一定管制，并且央行合理运用了外汇冲销政策进行干预。中国数量型货币政策受到中国外汇储备、美国货币政策、美国量化宽松货币政策和全球风险因子的影响，与前文理论分析相符。中国数量型货币政策独立性受到外部经济因素的严重影响。中国应积极实现国际收支平衡，加强数量型货币政策的独立性。

5.3.3 因子增广型向量自回归模型实证结果

FAVAR 模型和 VAR 模型中三个外生变量对两个中国货币政策因子的影响基本一致，这表明模型的估计结果是稳健的。美国利率政策和全球货币政策因子对中国利率政策产生了显著的正向影响。美国量化宽松货币政策的实施对中国有较强的外溢性，它对中国的利率政策因子和金融市场因子有显著的负向影响，对中国的数量型货币政策因子有显著的正向影响（见表 5.8 和表 5.9）。

表 5.8　　　　美国货币政策对中国货币政策独立性的影响

变量	F1_REAL	F2_REAL	F_FIN	F1_MON	F2_MON	RES
FFR	0.14 (0.76)	0.25 ** (2.07)	−0.01 (−0.06)	0.53 * (1.68)	0.05 (0.35)	−1.75 *** (−2.67)
VIX	−0.00 (−0.37)	−0.02 ** (−2.52)	−0.00 (−0.22)	−0.02 (−1.49)	−0.00 (−0.65)	−0.09 ** (−2.63)
QE_dummy	−0.20 (−0.73)	−0.09 (−0.51)	−0.49 *** (−2.75)	−1.55 *** (−3.35)	0.50 ** (2.54)	−1.01 (−1.07)

表 5.9　　　　　全球货币政策因子对中国货币政策独立性的影响

变量	F1_REAL	F2_REAL	F_FIN	F1_MON	F2_MON	RES
Global_i	0.02	0.09 ***	− 0.03	0.34 ***	− 0.05	0.03
	(0.46)	(2.63)	(− 0.78)	(3.98)	(− 1.29)	(0.17)
VIX	− 0.00	− 0.01 **	− 0.00	− 0.01	− 0.01	− 0.07 **
	(− 0.37)	(− 2.23)	(− 0.36)	(− 0.92)	(− 0.94)	(− 2.20)
QE_dummy	− 0.19	− 0.03	− 0.51 ***	− 1.31 ***	0.46 **	− 0.90
	(− 0.68)	(− 0.18)	(− 2.84)	(− 2.87)	(2.31)	(− 0.92)

对于中国实体经济和金融市场，研究仅发现美国货币政策、全球货币政策因子和全球风险因子对中国价格因素因子有着显著的正向影响。发达经济体（美国、日本、欧元区、英国）国内面临通货膨胀时会提高本国利率，发达经济体的通货膨胀有一定的外溢性，导致原油和其他大宗商品价格上升，中国进口产品的价格随之上升，从而引起国内价格水平上升。

FAVAR 模型脉冲响应结果图 5.7 显示，中国外汇储备变化对中国数量型货币政策有着显著的正向影响。中国外汇储备变化的上升会导致基础货币供给增加和存款准备金率上升。这将影响中国数量型货币政策的独立性。由于美国货币政策和全球风险因子对外汇储备变化有负向影响，美国货币政策和全球风险因子对数量型货币政策产生间接影响。中国外

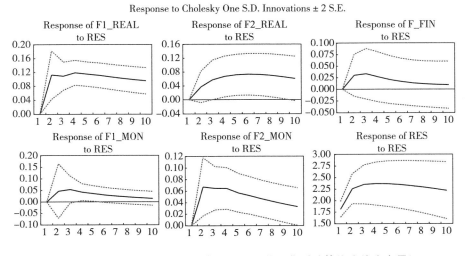

图 5.7　FAVAR 模型脉冲响应结果（以美国货币政策作为外生变量）

汇储备变化对利率政策的影响并不显著。外汇储备变化的正向冲击对中国整个实体经济有着较强的正向影响，并且对中国产出因子的影响更加显著和持久。其中的传导机制应是为保持人民币对美元汇率稳定，中国外汇储备上升导致基础货币供应增加，在内部货币政策环境宽松和外部汇率稳定的情况下，能够有效促进国内产出的增加。

总体而言，中国货币政策独立性受到外部环境的约束。中国利率政策、数量型货币政策独立性的影响因素并不相同。中国利率政策主要受到发达经济体货币政策的影响，而数量型货币政策的直接影响因素是外汇储备的变化，间接影响因素是美国货币政策和全球风险因子。美国量化宽松货币政策对中国整体货币政策有显著的影响。全球风险因子并没有对中国货币政策产生显著的影响，仅对中国数量型货币政策产生微弱的间接影响。

5.3.4　时变参数向量自回归模型实证结果

VAR 模型和 FAVAR 模型分析的是整个考察期内国际收支失衡、国外货币政策和全球风险因子对中国经济和货币政策的影响，但是没有反映出汇率制度选择对中国经济和货币政策的影响。本书通过时变向量自回归模型分析不同汇率制度下外汇储备变动、国外货币政策和全球风险因子对中国货币政策和国内经济的影响。

为考察汇率制度选择对中国货币政策独立性的影响，根据第 4 章实证分析得出的人民币汇率制度的变迁时点，选取六个不同时点考察中国货币政策独立性的差异，分别是 2005 年 5 月（汇率制度变化前），2005年 8 月（第一次人民币汇率制度改革后），2008 年 9 月（事实上回归盯住美元汇率制、国际金融危机后），2010 年 8 月（第二次汇率制度改革后），2011 年 10 月（事实上人民币汇率制度调整时点），2015 年 9 月（2015 年 8 月 11 日汇率形成机制改革后）。其中，汇率制度弹性从大到小的排序依次：2015 年 9 月、2010 年 10 月、2005 年 8 月和 2011 年 10 月、2008 年 9 月和 2005 年 8 月。其中，代表固定汇率制的时点有 2005 年 5月、2008 年 9 月，代表有管理的浮动汇率制的时点有 2005 年 8 月、2010年 10 月、2011 年 10 月和 2015 年 9 月。

不可能三角假说中货币政策独立性取决于汇率制度类型和资本账户开放程度。在明确汇率制度弹性以后，还需清晰了解资本账户开放度，才能判断货币政策独立性。资本账户开放的衡量方法有法定资本账户开放度和实际资本开放度。

Chinn 和 Ito（2006）编制了金融开放指数（Financial Openness Index）以衡量一国法定资本账户开放度[18]。他们利用 IMF 公布的《汇兑安排和汇兑限制年报》中披露的跨境资本交易是否存在管制信息，进行编码赋值。《汇兑安排和汇兑限制年报》把资本账户管制分为七大类 43 小项，只要某一项有管制，不论这个管制的严格程度，那么这一类别就被认为是存在管制。这是为了在世界各国之间具有可比性，但牺牲了一定的精确度。金融开放指数标准化后，取值在 [0, 1] 区间内，取值为 1 时表明资本账户完全开放，取值为 0 时表示资本账户存在严格的管制。2017 年 7 月，他们将世界 182 个国家的金融开放度指数更新至 2015 年。1999—2015 年，中国的金融开放度指数保持不变，一直是 0.166。事实上，1999—2017 年，中国资本账户开放程度是有变化的，仅 2002—2009 年资本账户改革措施就达 42 项，如减少外商直接投资（FDI）进入限制、实施合格的境外机构投资者（Qualified Foreign Institutional Investors，QFII）机制、提升国内居民购汇额度、减少对外投资管制以及改革强制结汇制等。由此可见，虽然 Chinne 和 Ito（2006）编制的金融开放指数能够反映出中国法定资本账户的开放程度较低，但是不能精确地反映中国资本账户管制的变动。

实际资本开放度是利用跨境资本流动的规模来进行衡量。Edison et al.（2004）[22]、游宇和黄宗晔（2016）[123]测算了世界多个国家的实际资本流动存量规模，并以此代表一国的实际资本开放度。本书采用实际资本流动比率来衡量中国资本账户的开放程度，具体公式为（资本流入 + 资本流出）/GDP。其中，资本流入加资本流出等于资本账户以及金融账户下的直接投资、证券投资、金融衍生工具和其他投资的资产和负债的总和。

图 5.8 是中国实际资本流动比率趋势图。总的来看，中国资本账户开放度不高。2001—2007 年，部分季度的实际资本流动比率较高，峰值达到 0.25。2008 年国际金融危机爆发后，中国实际资本流动比率有所下降，

并持续保持在较低水平小幅波动。实际资本流动比率结合第 4 章汇率制度弹性的估计结果，本章根据不可能三角假说初步判断六个考察时点货币政策独立性从大到小的排列顺序，如表 5.10 所示。

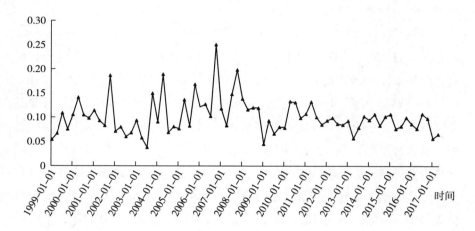

图 5.8　1999 年第一季度至 2017 年第二季度中国实际资本流动比率

（资料来源：国家外汇管理局和国家统计局，并经笔者计算得出）

表 5.10　　　　不可能三角假说下中国的货币政策独立性强弱[1]

时间	汇率制度弹性[2]	实际资本流动比率	货币政策独立性强弱预判结果[3]
2005 年 5 月	0.00	0.14	*
2005 年 8 月	0.11	0.08	***
2008 年 9 月	0.00	0.12	**
2010 年 8 月	0.20	0.13	****
2011 年 10 月	0.11	0.08	***
2015 年 9 月	0.29	0.08	*****

注：1. 不可能三角假说下的货币政策独立性指国内外利率的相关性，因而，表中的货币政策独立性指美国货币政策和全球货币政策因子对中国货币政策的影响程度。

2. *** 表示估计系数在 1% 显著水平下是显著的，** 表示估计系数在 5% 显著水平下是显著的，未标 * 表示该系数不显著。系数大小可表示汇率制度弹性。

3. "*" 数量分别代表货币政策独立性的强弱排序，* 越多代表货币政策独立性越强。

5.3.4.1　外汇储备对中国经济和货币政策影响

图 5.9 描绘了六个特定时点中国实体经济、金融市场和货币政策对外

汇储备冲击的脉冲响应图。从脉冲响应图能够看出不同时期脉冲响应冲击具有一定的差异性。为考察不同时点脉冲响应曲线差异的显著性，本书描绘了不同时期脉冲响应的差异以及 16% 和 84% 的置信区间的差异曲线①。鉴于每个脉冲响应图的差异对比有十五个图，为直观地展示脉冲响应图的差异，附录仅列出具有显著差异的曲线，略去不具有显著差异的

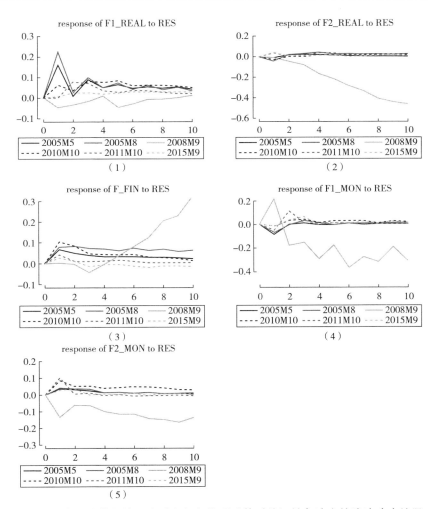

图 5.9 中国实体经济、金融市场和货币政策对外汇储备冲击的脉冲响应结果

---

① 在正态分布的情况下，16% 和 84% 的置信区间表示的是一个标准差下的置信区间。

曲线。[①] 中国实体经济、金融市场、货币政策和外汇储备四个变量的时变参数向量自回归模型的实证结果详见附录C。

图5.9中，数量型货币政策对中国外汇储备冲击的脉冲响应图显示，2008年9月与其他时点有着显著的区别，2008年9月中国数量型货币政策对外汇储备冲击的脉冲响应是负向的。

不同时点数量型货币政策对中国外汇储备冲击的脉冲响应差异如图5.10所示，2008年9月比其他时点上的脉冲响应更小，其他时点的脉冲响应没有

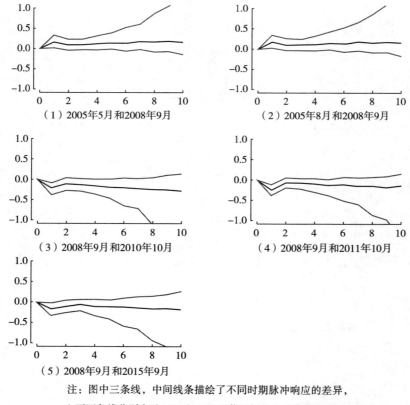

（1）2005年5月和2008年9月　　　（2）2005年8月和2008年9月

（3）2008年9月和2010年10月　　　（4）2008年9月和2011年10月

（5）2008年9月和2015年9月

注：图中三条线，中间线条描绘了不同时期脉冲响应的差异，

上下两条线分别表示16%和84%置信区间的差异曲线，下同。

图5.10　不同时点外汇储备对中国数量型货币政策因子影响的差异

---

① 由于脉冲响应曲线差异图数量较多，本书将时变参数向量自回归模型的脉冲响应图放在附录中。选取部分有重要意义的脉冲响应图放在正文中。

显著差异。通过分析原始数据发现，国际金融危机期间，中国外汇储备变化增速下降。为应对危机，中国央行采取了宽松的货币政策促进经济增长。在此情况下，中国外汇储备的负向冲击依然会造成中国数量型货币政策因子上升，因而脉冲响应的结果是负向的。与此类似，不同时点中国利率政策对中国外汇储备冲击的脉冲响应差异如图 5.11 所示，2008年 9 月与 2005 年 5 月、2005 年 8 月和 2011 年 10 月有着显著的区别，其他时点之间无显著差异。2008 年 9 月中国外汇储备变化在第 1 期对中国利率政策有着正向的影响，即在外汇储备变化下降的同时，中国央行降低了利率以促进投资，提振国内经济。

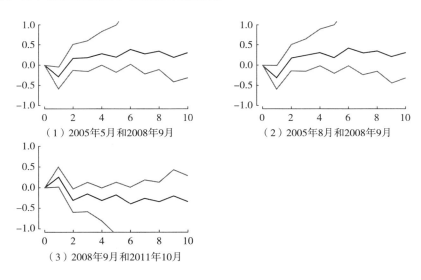

图 5.11　不同时点外汇储备对中国利率政策因子影响的差异

　　实证结果表明，国际金融危机时期，外汇储备对中国货币政策的影响会与其他时点不同。在不同汇率制度下，外汇储备对中国货币政策的影响没有发生变化，即汇率制度选择对中国货币政策独立性没有产生显著影响。从脉冲响应图来看，外汇储备并没有对中国利率政策产生显著影响。中国一直采用固定汇率制和中间汇率制，根据第 3 章的理论分析，在两种汇率制度下数量型货币政策的独立性都会受到影响，中国央行一直偏好人民币汇率稳定，从而汇率制度弹性增加没有显著增强数量型货币政策的独立性。此外，中国央行一直灵活使用外汇冲销政策，使外汇储备对中国数量型货币政策的冲击始终保持在一个适度的范围。

通过分析中国外汇储备变化对产出因子的影响可知，在 2005 年 5 月和 2005 年 8 月，中国外汇储备变化对产出因子的影响非常大，这直接导致以上两个时点与其他时点的脉冲响应有着显著的区别（见附录 C 中图 C. 3）。这说明国际金融危机前，国内数量型货币政策对中国产出有着更为显著的影响；中国外汇储备变化对中国价格因素因子和金融因子的影响没有发生显著的变化。

5.3.4.2 美国货币政策对中国经济和货币政策影响[①]

图 5.12 显示，美国货币政策冲击对中国货币政策因子的影响在各时点存在一定差异。脉冲响应结果的差异并不只是固定汇率制和有管理的浮动汇率制之间的差异，如同处于固定汇率制的 2005 年 5 月和 2008 年 9 月，同处于有管理的浮动汇率制的 2005 年 8 月和 2010 年 10 月相比，脉冲响应图也是有差异的。观察各时期脉冲响应图，发现 2008 年 9 月美国货币政策对中国利率因子的影响在第 1 期达到峰值，并且影响幅度大幅超过其他时点的脉冲响应，这意味着危机时期中国货币政策与美国货币政策具有很强的同步性。

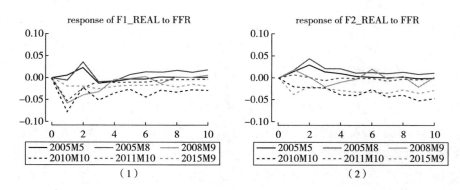

（1）　　　　　　　　　　　（2）

图 5.12　中国实体经济、金融市场和货币政策对美国货币政策冲击的脉冲响应结果

---

① 中国实体经济、金融市场、货币政策和美国货币政策四个变量的时变参数向量自回归模型的实证结果详见附录 D。

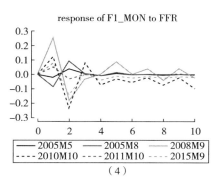

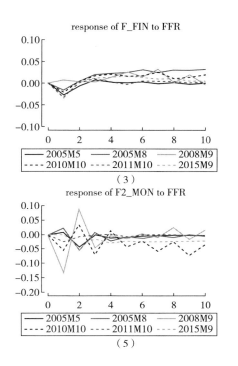

图 5.12 中国实体经济、金融市场和货币政策对美国货币政策冲击的脉冲响应结果（续）

图 5.13 中不同时点脉冲响应的差异与理论分析框架的分析结果吻合。第一次人民币汇率制度改革后，中国货币政策独立性达到最高。2005 年 8 月，美国货币政策对中国利率政策因子的影响在第 1 期是负向的，这说明在 2005 年 8 月中国货币政策对美国货币政策有较强的独立性。2005 年 7 月人民币汇率制度改革后，人民币对美元开始浮动并且存在较为严格的资本管制。同时，美国利率处于上升周期，中国国际收支有顺差，这时汇率制度弹性增加能够增强中国货币政策的独立性。因此，与其他时点相比，2005 年 8 月中国利率政策因子对美国货币政策的脉冲响应会更弱。

美国上调利率，造成中国出现大规模资本外逃，人民币有贬值预期，汇率制度弹性增加会削弱货币政策独立性。2015 年 8 月 11 日人民币中间价形成机制改革后，人民币汇率制度弹性显著增强，但是市场上存在显著的人民币贬值预期，2015 年 7 月到 8 月，人民币对美元汇率贬值幅度

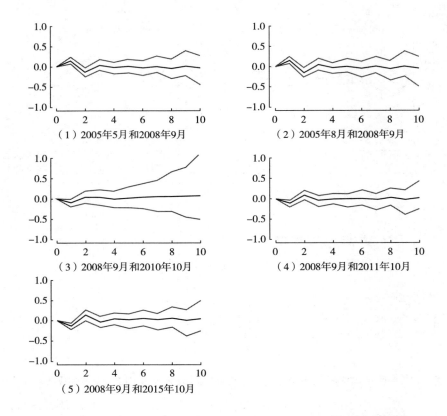

（1）2005年5月和2008年9月

（2）2005年8月和2008年9月

（3）2008年9月和2010年10月

（4）2008年9月和2011年10月

（5）2008年9月和2015年10月

图 5.13　不同时点美国联邦基金利率对中国利率政策因子影响的差异

达 4.45%，这是 1994 年汇率并轨以后的最大贬值幅度。同时，中国 2015 年第三季度的资本外逃①数量达到 875 亿美元，由于人民币汇率制度是中间汇率制度，在存在浮动恐惧和人民币贬值预期的情况下，中国央行会上调本国利率以稳定人民币汇率预期，这时中国货币政策独立性会有所减弱。

　　图 5.14 显示，仅在 2008 年 9 月美国货币政策对中国数量型货币政策因子的影响与其他时点有着显著差异，在其他时点之间美国货币政策对中国数量型货币政策因子的影响没有显著差异。2008 年 9 月，美国货币政策的负向冲击对中国数量型货币政策因子有较大的正向影响。在国际

---

① 资本外逃采用国际收支平衡表中的误差与遗漏项衡量。

金融危机期间，美国实施量化宽松货币政策，美元流动性过剩，大规模的资本涌入中国，造成中国国内货币急剧上升。

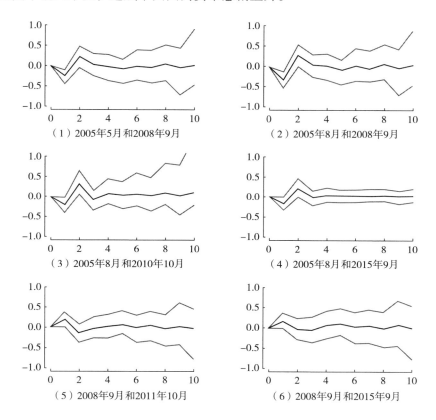

图 5.14　不同时点美国联邦基金利率对中国数量型货币政策因子影响的差异

对于中国实体经济和金融市场而言，不同时点上，美国货币政策因子对中国价格因素因子的影响仅有细微差别（见附录图 D.3）。这说明，美国货币政策因子对中国实体经济和金融市场的影响并没有发生实质性的变化。美国货币政策对中国实体经济和金融市场的脉冲响应图表明，美国货币政策并没有对中国实体经济和金融市场产生十分显著的影响。

实证结果表明，人民币汇率制度弹性增加不一定会增强中国货币政策独立性。中国货币政策独立性的强弱还取决于美国货币政策的调整方向和国际收支失衡的状态。在六个考察时点中，在 2008 年 9 月（国际金融危机期间）中国利率政策独立性最弱；在 2005 年 8 月（人民币汇率制度由盯住美元汇率制转为有管理的浮动汇率制）中国利率政策独立性最强。

5.3.4.3 全球货币政策因子对中国经济和货币政策影响[①]

脉冲响应图 5.15 显示，2008 年 9 月，全球货币政策因子对中国利率政策因子有很强的正向影响。2008 年 9 月中国利率政策因子对全球货币

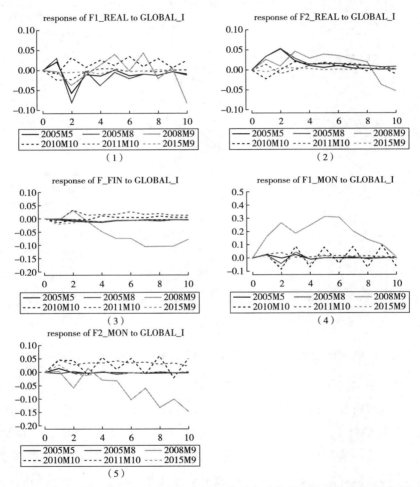

图 5.15 中国实体经济、金融市场和货币政策对全球货币政策冲击的脉冲响应结果

---

① 中国实体经济、金融市场、货币政策和全球货币政策因子四个变量的时变参数向量自回归模型的实证结果见附录 E。

政策因子的响应与其他时期有显著的差异，而其他五个时期之间的脉冲响应图并没有显著的差异，如图 5.16 所示。国际金融危机爆发后，发达经济体（美国、日本、欧盟和英国）一致实施极度宽松的货币政策，为适应国外经济形势的变化，中国央行和发达经济体央行同步调整货币政策。这是 2008 年 9 月中国利率政策因子对全球货币政策因子的响应与其他时期有着显著差异的重要原因。对于中国数量型货币政策因子，全球货币政策因子对其影响只在 2008 年 9 月和 2011 年 10 月之间有微小差异，如图 5.17 所示。

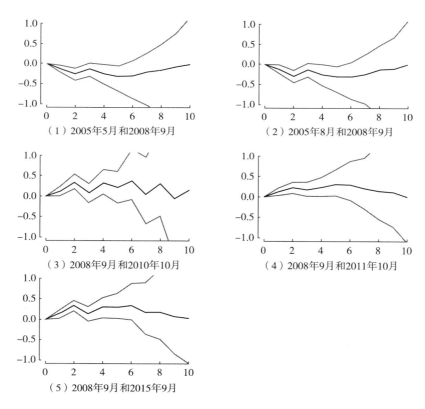

图 5.16 不同时点全球货币政策对中国利率政策因子影响的差异

对于中国实体经济和金融市场，实证分析发现，不同时点上，全球货币政策因子仅对中国价格因素因子的影响存在细微差别（见附录

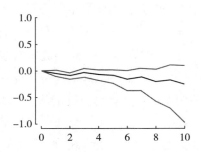

**图 5.17　全球货币政策对中国数量型货币政策
因子影响的差异（2008 年 9 月和 2011 年 10 月）**

图 E.3）。全球货币政策因子对中国实体经济和金融市场的影响并没有发生实质性的变化。

以上结果表明汇率制度的变化并不是全球货币政策因子冲击对中国货币政策、实体经济和金融市场的影响发生显著变化的原因。国际金融危机时期，国内货币政策和发达经济体货币政策同向调整，使中国货币政策独立性显著减弱。

人民币汇率制度变化并没有使全球货币政策因子对中国货币政策影响产生显著差异，有两个重要原因。（1）人民币汇率制度改革之后，人民币参考的是一篮子货币，包括欧元、日元、英镑等。这意味着人民币对美元的汇率波动变大，但是对一篮子货币的汇率波动并没有发生十分显著的变化，货币篮子相当于缩小器。（2）发达经济体的货币政策并非完全同步，经常表现出货币政策分化特征，如在 2015 年，美国经济复苏，美联储走上加息道路，而欧元区、日本的经济形势低迷，国内的货币政策环境依然处于宽松状态。当发达经济体货币政策处于分化的情况下，全球货币政策因子相当于一个缩小器，把各经济体的货币政策的状态进行了一定程度上的"中和"，全球货币政策因子比美国货币政策的变动幅度更小。因此，全球货币政策因子对中国跨境资本流动的影响要比美国货币政策对中国跨境资本流动的影响更小。在中国长期保持国际收支顺差的情况下，中国货币政策能够相对于全球货币政策因子保有较强的独立性。因此，人民币汇率制度改革并没有改变全球货币政策因子对中国货币政策的影响。

5.3.4.4 全球风险因子对中国经济和货币政策影响①

从中国实体经济、金融市场和货币政策对全球风险因子的脉冲响应结果图 5.18 来看，全球风险因子对中国各方面的影响幅度要比其他三个因素的影响更小。原因是中国一直存在较为严格的资本管制，国内金融市场开放度不高。因此，中国国内经济和政策对全球风险因子变动的敏感度不高。

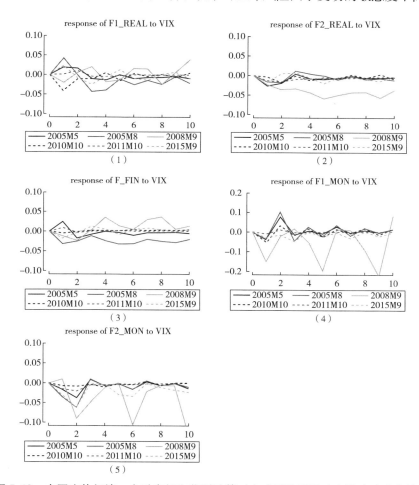

图 5.18 中国实体经济、金融市场和货币政策对全球风险因子冲击的脉冲响应结果

---

① 中国实体经济、金融市场、货币政策和全球风险因子四个变量的时变参数向量自回归模型的实证结果详见附录 F。

国际金融危机期间，全球风险因子对中国利率政策因子有着较大的负向影响，同时期，全球风险因子对中国货币数量政策有着微弱的正向影响。这是中国央行实行宽松货币政策应对金融危机的结果。从脉冲响应结果的差异图5.19和图5.20来看，只在金融危机时期和个别时点存在细微差异。

2010年10月，中国产出因子对全球风险因子是负向响应，而在其他时点，全球风险因子对中国产出是正向影响，因而2010年10月中国产出对全球风险因子冲击的脉冲响应与一些其他时点有显著差异（见附录图F.3）。受国际金融危机的影响，2010年10月全球风险因子呈现上升趋势，而中国产出呈现下降趋势。全球风险因子对中国价格因素因子和金融市场因子的影响较小，并且没有显著的差异。

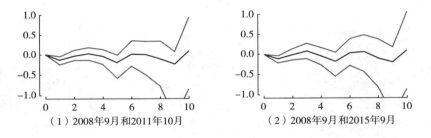

（1）2008年9月和2011年10月 （2）2008年9月和2015年9月

图5.19　不同时点全球风险因子对中国利率政策因子影响的差异

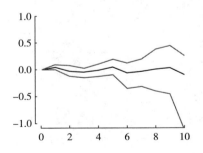

图5.20　全球风险因子对中国数量型货币政策因子影响的差异（2008年9月和2015年9月）

5.4　本章小结

在实证分析过程中，本书做了大量敏感性分析，如对代表全球货币政策和美国货币政策的变量选取不同滞后期，依次引入全球货币政策因子、美国货币政策和全球风险因子进入向量自回归和因子增广型向量自回归模型，调整时变参数向量自回归模型选取的考察时点等。实证分析结果并没有改变本书的主要结论。

通过利用 VAR 模型、FAVAR 模型和 TVP – SV – VAR 模型分析中国外汇储备、美国货币政策、全球货币政策因子和全球风险因子对中国货币政策、实体经济和金融市场的影响，本书得出以下四点结论。

（1）人民币汇率制度缺乏弹性，中国货币政策依然可以保持部分独立性。VAR 模型和 FAVAR 模型实证结果表明，中国利率政策、数量型货币政策不是完全由外部经济因素决定，只是在一定程度受到影响，中国利率政策始终保持了一定的独立性。中国利率政策因子主要受到国外货币政策的影响，而中国数量型货币政策的直接影响因素是国内外汇储备，间接影响因素是美国货币政策和全球风险因子。美国货币政策和全球货币政策因子对中国利率政策因子都有显著影响。这表明中国利率政策会和国外货币政策同向调整，并且会根据多个发达经济体的货币政策进行调整。美国量化宽松货币政策对中国整体货币政策（包括利率、数量和汇率）都有显著影响。由于固定汇率制或有管理的浮动汇率制是国际收支长期保持双顺差的制度性影响因素，汇率制度是影响中国数量型货币政策独立性的制度性因素。人民币汇率制度弹性化有助于中国实现国际收支平衡，并且减小央行干预外汇市场的力度，因此，人民币汇率制度的市场化能够增强数量型货币政策的独立性。

（2）时变参数向量自回归模型的实证结果表明，与其他汇率制度变迁点相比，中国利率政策对美国货币政策的独立性在 2005 年 7 月汇率制度改革后达到最大。在国际金融危机期间，发达经济体的货币政策对中国货币政策的外溢性更强，中国货币政策独立性显著减弱。除 2008 年 9 月以外，在其他时点全球货币政策因子对中国利率政策的影响并没有显著差异。根据实证结果，对不同时点下中国货币政策独立性强弱进行排序，并与依据不可能三角假说判断的中国货币政策独立性进行对比。鉴于外汇储备和全球风险因子没有对中国利率政策产生显著影响，仅按照美国货币政策和全球货币政策因子对中国利率的影响来进行中国货币政策独立性排序，排序结果如表 5.11 所示。

表 5.11　　　　　不同时点下中国货币政策独立性强弱排序

时间	美国货币政策调整和中国国际收支状态	美国货币政策对中国利率政策影响	全球货币政策因子对中国利率政策影响	货币政策独立性强弱（依据不可能三角假说）
2005 年 5 月	美国上调利率 国际收支双顺差	***	**	*
2005 年 8 月	美国上调利率 国际收支双顺差	****	**	***
2008 年 9 月	美国量化宽松货币政策 国际收支双顺差	*	*	**
2010 年 10 月	美国下调利率 国际收支顺差规模巨大	**	**	****
2011 年 10 月	美国下调利率 国际收支双顺差	***	**	***
2015 年 9 月	美国上调利率 经常账户顺差 金融账户逆差	**	**	*****

注："＊"数量分别代表货币政策独立性的强弱排序，＊越多代表货币政策独立性越强。但是，不同排序依据之间的强弱不具有可比性。

表 5.11 显示，时变参数向量自回归模型得出美国货币政策和全球货币政策因子对中国利率政策的影响有所差异，并且两者都不同于依据不可能三角假说得出的结果。实证结果符合第 3 章的理论分析，除汇率制度和资本账户开放以外，货币政策独立性还取决于中国国际收支状态和美国货币政策的调整方向。

2005 年 8 月中国利率政策独立性最强。2005 年 8 月，中国资本账户开放程度不高，美国货币政策处于上调利率时期，中国国际收支存在顺差，这时中国利率政策可以保持较高的独立性。在这种情况下，人民币汇率制度弹性增加能够有效增强中国货币政策独立性。国际金融危机期间，中国更有意愿与发达经济体的货币政策步调保持一致，货币政策独立性最弱。实际上，此时中国货币政策保持和美国货币政策一致，是应对危机的通常反应，也是防止大规模"热钱"涌入的正确选择。若是采用利率相关性来衡量货币政策独立性，那么此时的货币政策独立性确实会减弱，但是，这是一种理性的放弃货币政策独立性。危机时期的货币政策独立性不能简单套用不可能三角假说去衡量。

中国货币政策独立性排第二位的是 2005 年 5 月和 2011 年 10 月。2005 年 5 月，中国实行单一盯住美元制，汇率制度弹性极小。由于中国存在结构性国际收支顺差，美国利率上调不会对中国货币政策造成太大影响。2011 年 10 月，人民币汇率制度有一定弹性，美国下调利率，中国国际收支存在顺差。由于中国政府偏好资本流入，并且该时点资本流入规模不大，中国货币政策保有较高独立性。

中国货币政策独立性强弱排名排第三位的是 2010 年 10 月和 2015 年 8 月。2010 年 10 月，人民币汇率制度有一定的弹性，美国处于下调利率周期，同时中国存在大规模国际收支顺差，因而，中国会下调利率减轻资本流入的压力。2015 年 8 月 11 日人民币中间价形成机制改革后，人民币汇率制度弹性显著增强，但是市场上存在显著的人民币贬值预期，同时期中国存在大规模资本外逃，由于人民币汇率制度是中间汇率制度，在存在浮动恐惧的情况下，中国央行会上调本国利率以稳定人民币汇率预期，这时中国货币政策独立性会有所减弱。

人民币汇率制度改革并没有改变全球货币政策因子对中国货币政策的影响。全球货币政策因子对中国利率政策的影响在金融危机期间最强，在其余五个考察时点并没有显著差异。这表明危机期间，中国和发达经济体的货币政策较为同步，这是应对危机产生的类似反应。发达经济体的货币政策并非完全同步，经常表现出货币政策分化特征，如 2015 年，美联储走上加息道路，而欧元区、日本的货币政策环境依然处于宽松状态。在发达经济体货币政策处于分化的情况下，全球货币政策因子相当于一个缩小器，把各经济体的货币政策的状态进行了一定程度的"中和"，全球货币政策因子比美国货币政策的变动幅度更小。因此，全球货币政策因子对中国跨境资本流动的影响要比美国货币政策对中国跨境资本流动的影响更小。在中国长期保持国际收支顺差的情况下，中国货币政策能够相对于全球货币政策因子保有较强的独立性。

（3）汇率制度弹性的增加没有使中国数量型货币政策受到的影响发生显著变化。时变参数向量自回归模型得出的数量型货币政策对中国外汇储备、美国货币政策和全球货币政策因子冲击的脉冲响应图显示，仅在危机时期与其他时期有显著不同，这是中国央行应对危机措施产生的结果。中国国际收支长期处于失衡状态（主要是顺差），数量型货币政策受到外部经济因素的影响在不同时点没有显著差异，这反映出中国央行能够较好地调控外汇储备和美国货币政策对中国数量型货币政策的影响。这其中主要的原因是中国央行运用多种工具进行了冲销操作。

（4）对于中国实体经济和金融市场而言，美国货币政策对中国工业产出有正向影响，美国货币政策、全球货币政策因子和全球风险因子都对中国价格因子有显著的影响，对中国产出因子和金融市场并没有产生显著的影响。当美国上调利率时，美国实体经济一般处于发展较好的时期，美国实体经济增长快会带动中国出口，进而促进中国工业产出增加。同理，美国在出现通货膨胀时会上调美国利率，美国的通货膨胀会传导到国际市场，引发中国的物价上涨。由此可见，中国实体经济主要受到发达经济体实体经济的影响，而不是受到发达经济体货币政策的影响。中国金融市场受到外部经济的影响较弱，这可能是因为中国的金融市场开放度较低。以上实证结果表明，发达经济体货币政策对中国货币政策的影响（即中国货币政策独立性受到影响）并没有给中国的实体经济或金融市场带来显著的冲击。

国内外汇储备变化的正向冲击对中国整个实体经济有较强的正向影响，并且对中国产出因子的影响更大。国内外汇储备的变化对中国金融市场没有造成显著影响。这反映出外汇储备变动对中国实体经济的影响较为显著；外汇储备变动和国外货币政策对金融市场的影响不够显著，这说明国内金融市场有着典型的内向性特征。

128

第6章 汇率制度改革和货币政策独立性的国际经验

——以日本和泰国为例

前文的实证研究是分析在盯住美元制和有管理的浮动汇率制下人民币汇率制度对中国货币政策独立性的影响。在浮动汇率制下，国际收支失衡和美国货币政策对货币政策独立性的影响需要参考实行浮动汇率制国家的经验。中国正处于汇率制度改革和资本账户开放的攻坚时期，清晰了解汇率制度改革对货币政策独立性和经济基本面的影响以及货币政策独立性变化给经济基本面带来的影响，有助于中国选择合适的汇率制度改革时机，并且规避汇率制度改革过程中可能出现的风险。为此，本书分析汇率制度改革和货币政策独立性的国际经验。

20世纪70年代开始，发达经济体和新兴市场化国家开启金融自由化改革，包括利率市场化、汇率制度改革和放松资本项目管制。各国在金融改革开放进程中，采取的方式和路径具有一定的差异，取得的成效也不相同。发达经济体大多成功完成了金融改革，但是在完成金融改革之后，有些国家却出现了长期的经济停滞（如日本）。很多发展中国家在金融改革过程中出现危机，导致金融改革进程停滞甚至倒退（如泰国）。在金融改革过程中，汇率制度弹性和资本账户开放度有显著变化，这给本国货币政策独立性、实体经济和金融市场带来了影响。分析其他国家汇率制度改革给货币政策独立性带来的影响以及两者变化给实体经济、金融市场的冲击能够帮助中国寻找出一条合适的汇率制度改革路径。

东亚经济体的经济发展模式较为接近，都是典型的外向型经济体，它们曾经依靠出口导向型战略实现了经济的迅猛发展。因此，东亚经济体的金融开放经验对中国有一定的借鉴意义。20世纪90年代，泰国曾经试图开放资本账户，但是由于时机不够成熟，因而发生了货币危机。日本是东亚发达经济体，已经成功实现了浮动汇率制和资本账户开放，但是却出现了长期的经济停滞。选取日本和泰国作为考察样本，分析汇率制度改革过程中货币政策独立性的变化，和由此对经济基本面产生的影响，为中国金融开放和提升货币政策独立性提供可借鉴的经验，并规避金融改革过程中可能发生的风险。

6.1 日本汇率制度改革和货币政策独立性

20 世纪 80 年代，日本数次调整汇率制度，分别在 1971 年、1973 年和 1977 年。表 6.1 列举了 Ilzetzki et al.（2017）采用 RR 自然分类法对日元汇率制度的划分结果[41]。

表 6.1 日元汇率制度变迁

国家	RR 自然分类法
日本	1959 年 4 月至 1971 年 8 月，事实上的水平区间盯住美元汇率制（±2%）
	1971 年 8 月至 1971 年 12 月，有管理的浮动汇率制
	1971 年 12 月至 1973 年 2 月，盯住美元制
	1973 年 2 月至 1977 年 11 月，事实上的移动盯住水平区间盯住美元汇率制（±2%）
	1977 年 12 月至 2016 年 10 月，自由浮动汇率制

资料来源：Ilzetzki et al.（2017）。

6.1.1 1971 年汇率制度改革和货币政策独立性

布雷顿森林体系瓦解之前，日元汇率制度缺乏弹性，日元在很大程度上盯住美元。1971 年 8 月，尼克松宣布美元与黄金脱钩，国际投资者担心美元贬值。当时日本经济正处于繁荣时期，国际投资者对日元有着很强的信心。在"尼克松冲击"后，大量国际资本涌入日本。为缓解外汇市场干预的压力，同年 8 月，日本央行宣布实行有管理的浮动汇率制。

鉴于日元升值压力较大，日本政府对资本流入进行了严格管制，主要措施包括增加自由日元账户准备金要求、日元兑换的上限由月平均额度改为基准日额度、大幅下调贸易预付款的上限额度和非居民购买的股票和债券额度不能超过之前已经卖出的额度。同时，大力鼓励日本国内资本走出去，1972 年废除了外汇集中管理体制，实施居民持有外汇资产自由化，对外直接投资完全开放。国外证券投资也逐步向一些特定的金融机构开放。

在这一背景下，日本数量型货币政策受到显著影响。在日本国际收支失衡的情况下，日本央行积极干预外汇市场，保证日元币值的稳定。由于存在国际收支顺差，日本央行在外汇市场上的干预是买进外币投放本币，日本国内货币供应量急剧上升。

1971 年，美国利率有一个小幅上升的过程，但是日本利率一直处于下降的状态。可见，1971 年汇率制度改革后，日本的货币政策独立性有所加强。主要有两方面原因：一方面，日元汇率制度弹性增加，日元对美元波动性增加，利率政策独立性增加；另一方面，当美国利率上升时，日本没有出现大规模的资本外逃，反而有大量资本流入，国际收支有顺差，从而日本可以自主调节利率政策，这与第 3 章的理论分析结论相符。根据 RR 自然分类法的汇率制度分类结果，1971 年 12 月至 1973 年 2 月，日本事实上实行的是盯住美元汇率制。这段时期内，日本利率和美国利率保持着高度的相关性，货币政策独立性有所下降（见图 6.1）。

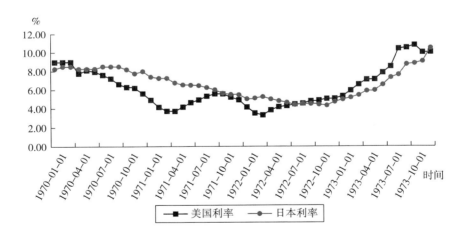

图 6.1　1970—1973 年美国和日本利率的变动趋势

（资料来源：万得（Wind）数据库、美联储圣路易斯分行（St. Louis Fed)）

6.1.2 1973 年汇率制度改革和货币政策独立性

1973—1977 年，日本实行的是事实上的移动水平区间盯住美元制，汇率波动幅度在 2% 以内，汇率制度弹性较小。从美国和日本的月度利率变动趋势来看，美国货币政策对日本货币政策有很强的外溢性，日本货币政策独立性有显著下降。

1973 年，日本经济增长出现下滑，日元有着较强的贬值预期。从国内经济形势来看，日本央行理应实行宽松的货币政策支持国内经济的发展。但由于美国处于加息周期，若日本降低利率，无疑会进一步增加日元的贬值压力。为维持日元汇率稳定，日本央行上调本国利率，减轻资本外流压力。同时，针对日本资本外流的情况，日本调整了外汇政策：由前期的"限制资本流入，鼓励资本流出"转变为"鼓励资本流入，限制资本流出"。具体措施包括：降低自由日元存款账户的准备金率，上调贸易预付款免税限额，居民借入国外无指定贷款的限制和非居民买入证券的限制逐步放宽。在限制资本外流方面，主要是限制非居民发行证券。

1973 年 10 月至 1974 年 3 月，美国和日本利率变动趋势不一致，美国利率下降，而日本利率上升，日本货币政策有较强的独立性。该时期，日本资本流出的压力大，而资本流入少，因而，日本可以在美国利率下降时，上调本国利率吸引资本流入。这是固定汇率制下货币政策能保持独立性的例证。1974 年，日本经济开始复苏，资本流入开始增加。美国开始进入减息周期，为防止大量"热钱"流入，日本同样进入减息周期，日本货币政策独立性有所下降（见图 6.2）。

6.1.3 1977 年汇率制度改革和货币政策独立性

1977 年，日元汇率制度转变为自由浮动汇率制。截至 2016 年，日元实施自由浮动汇率已有四十年。按照不可能三角假说，日本在实现浮动汇率制后，应该可以拥有独立的货币政策。图 6.3 展示了 1977—2016 年日本利率和美国利率的变动趋势，从两者的变动趋势来看，日本利率和美国利率在某些时段依然有较强的相关性。

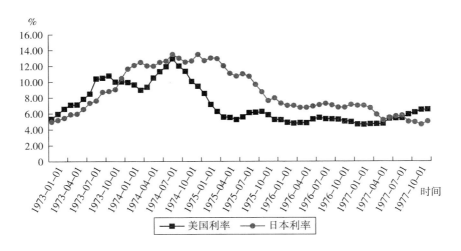

图 6.2　1973—1977 年美国和日本利率的变动趋势

（资料来源：万得（Wind）数据库、美联储圣路易斯分行（St. Louis Fed））

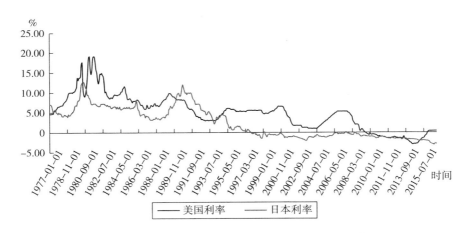

图 6.3　1977—2015 年美国和日本利率的变动趋势①

（资料来源：万得（Wind）数据库、

美联储圣路易斯分行（St. Louis Fed）、Wu 和 Xia（2016））

---

①　当美国和日本实施量化宽松货币政策时，名义利率不能很好地揭示货币政策的状态，故采用影子利率代表两国的利率水平。

1977 年，日元由盯住美元制变为浮动汇率制，日本利率和美元利率表现出较为明显的负相关关系，日本货币政策具有很强的独立性。1977年汇率制度改革后，正值日本经济复苏，国际投资者对日元重拾信心，大量国际资本涌入日本，外汇市场上日元升值压力较大。同时，为减轻日元的升值压力并防止大量"热钱"的流入，日本加强了对资本流入的管制。当美国上调本国利率时，日本没有资本外逃压力，故日本可以根据本国经济形势调整本国利率政策。

1979—1993 年，美国货币政策对日本货币政策有很强的外溢性，两国利率的变动趋势高度正相关，日本货币政策独立性显著降低。这主要是两个方面的原因造成的。一方面，资本账户完全开放降低了日本货币政策的独立性。1979 年，日本政府放松了资本流入的管制以吸引资本流入，包括：降低自由日元准备金要求（从 100% 下降到零），允许本国居民在国外发行债券，放宽了非居民购买债券的限制和降低了无指定用途国外贷款的要求。1980 年，日本实行了新的《外汇法》。旧的《外汇法》中对外汇交易的规定是"除特殊情况外禁止外汇交易"，而新的《外汇法》明确提出"除个别情况外自由交易"。

另一方面，1979—1980 年，外汇市场存在日元贬值预期，美联储正处于加息周期，若日本不提高本国利率必然会加剧资本外逃的规模，让日元贬值预期更强。1981 年以后，美国经济低迷，国际收支面临巨额赤字，为提振国内经济，美国持续下调联邦基金利率，而同时期日本国内经济增长较快，劳动生产率迅速提高。这就造成外汇市场上日元升值预期加强。为保持日本企业的国际竞争力，日本选择和美国货币政策保持协调性，降低利率以缓解日元升值压力。

20 世纪 80 年代初期，美国对日本的贸易赤字激增，持续的国际收支逆差让美国积累了巨额的债务，与此相对应，日本积累了巨额的债权。受到贸易赤字的困扰，美国不断给日本施压，试图让日元升值。1985 年，美国、日本、德国、法国以及英国的财政部长和央行行长签订广场协议，五国政府联合干预外汇市场，诱导美元对主要货币的汇率有秩序地贬值，以解决美国巨额贸易赤字问题。广场协议签订后，日元对美元升值幅度变得更加迅速。1985 年 9 月，美元兑日元在 1 美元兑 250 日元上下波动，不到三年时间，跌至 1 美元兑 120 日元，日元对美元升值了一倍。

在日元具有大幅升值压力的情况下，美国利率持续下调，国际资本大量流入日本，日本央行通过实施宽松型的货币政策（降低利率）来减少资本流入的规模，进而减轻日元升值的压力，日本货币政策独立性受到显著影响。在日本的低利率环境下，投资者并没有把大部分资金投放到实体经济，而是把大量资金投入房地产市场和股票市场，最终形成资产泡沫。1988—1989 年，美国开始上调利率。这为日本实施紧缩性货币政策提供了适宜的外部货币政策环境。为抑制国内经济过热，日本央行开始提高利率。1990 年，随着利率上升，借贷成本上升，国内资产泡沫破灭，经济增长率迅速下滑。此后很长一段时间内，日本经济增长处于停滞不前的状态。

日元大幅升值和国内实施宽松型货币政策是日本催生资产泡沫的重要原因。但是，在外汇市场存在日元大幅升值的压力，同期美国实施宽松型货币政策的情况下，日本央行并没有更好的选择。因为，不降低利率意味着美日利差更大，更多的资本会流入日本，日元升值压力更大。导致日本出现经济衰退的深层原因是日本汇率制度改革后，日元面临大幅升值压力，而货币政策又缺乏独立性。

在日本陷入经济增长停滞后，日本利率和美国利率的正相关性显著减弱，仅在国际金融危机期间表现出较强的正相关性。1995 年以后，日本内部经济的问题远比日本外部经济的问题要严重得多。同时，日本国际收支一直保持着较为平衡的状态，美国和日本的利率差异没有引发大规模资本逃离日本，从而日本能够长期维持超低的利率以支持国内经济的增长。

6.2　泰国汇率制度改革和货币政策独立性

20 世纪 90 年代，泰国实行自由贸易政策，对外开放度不断扩大，实现了经济的迅猛发展，成为了"亚洲四小虎"之一。但是，90 年代末，由于国内缺乏成熟的金融体系和有效的金融监管，过早地放开了资本管制，在 1997 年受到国际投机资本攻击后，泰国爆发了货币危机。

20 世纪 90 年代末，泰国汇率制度有三次改革，分别是在 1997 年、1998 年和 1999 年，如表 6.2 所示。

表 6.2 泰国汇率制度变迁

国家	RR 自然分类法
泰国	1978 年 3 月至 1997 年 7 月，事实上盯住美元制 1997 年 7 月至 1998 年 1 月，自由浮动汇率制 1998 年 1 月至 1999 年 9 月，有管理的浮动汇率制 1999 年 10 月至 2016 年 9 月，事实上移动水平区间盯住美元汇率制（±2%）

Aizenman et al. （2013）[3] 编制了不可能三角假说指数，分析汇率弹性、金融开放度和货币政策独立性的关系，其中货币政策独立性指数的计算公式如式（6-1）所示：

$$MI = 1 - \frac{corr(i_d, i_f) - (-1)}{1 - (-1)} \tag{6-1}$$

式（6-1）采用每年的月度利率计算当年的利率相关性系数。本国利率与美国利率相关性为 -1，表明该国利率完全不受美国利率的影响，货币政策独立性最高，MI 取值为 1；当本国利率与美国利率相关性为 1 时，货币政策独立性最低，MI 取值为 0；当本国利率在一年当中为一个常数时，本国利率与美国利率的相关系数无法计算得出，故把这种情况的相关系数赋值为 0，进而得出本国货币政策独立性指数为 0.5。

为分析汇率制度改革给货币政策独立性带来的变化，借鉴 Aizenman et al. （2013）[3] 的计算公式测度泰国的货币政策独立性指数。美国在考察期内实行过量化宽松货币政策。量化宽松货币政策时期，名义利率不能很好地代表货币政策的真实状态，故采用影子利率水平代表该国的利率水平。采用影子利率代表美国货币政策的时间区间是 2009 年 1 月至 2015 年 11 月。泰国汇率制度改革和货币政策独立性的关系如图 6.4 所示。

柱状图对应的时点是泰铢汇率制度改革的时点。1978—1997 年，泰国一直实行事实上盯住美元汇率制。1996 年 12 月，随着泰国经济基本面

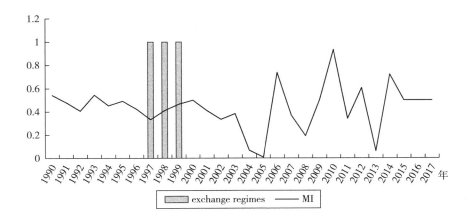

图 6.4　泰国汇率制度改革和货币政策独立性指数

（资料来源：Aizenman et al.（2013）、Ilzetzki et al.（2017）、

泰国央行、Wu & Xia（2016）以及作者计算得出）

开始恶化，金融部门出现多种问题，市场上存在泰铢贬值预期，大量资本逃离泰国。在此情况下，泰铢面临较大贬值压力。但是，泰国银行依然保持泰铢对美元汇率的稳定。索罗斯（George Soros）在注意到泰铢存在被高估的现象后，开始在外汇远期市场进行大量操作。1997 年，索罗斯攻击泰铢，使泰铢大幅贬值。在索罗斯刚开始在外汇市场大幅抛售泰铢，泰铢存在贬值压力时，泰国央行动用外汇储备进行干预，以稳定泰铢汇率。在市场上泰铢贬值态势越来越盛时，泰国央行外汇储备已经基本用尽，不得已之下，宣布泰铢自由浮动。

由于泰国存在大规模的资本外逃，泰铢汇率制度转为浮动汇率制没有为泰国货币政策赢得独立性，货币政策独立性反而有所下降。图 6.4 显示，1997 年泰国货币政策独立性位于一个低点，在 1998 年 1 月转为有管理的浮动汇率制以后，货币政策独立性反而有所上升。

在泰国货币危机期间货币政策缺乏独立性给泰国带来了巨大的负面影响，货币危机爆发后，泰国国内生产总值出现负增长，经济严重衰退。同时期，美国利率保持在一个平稳的状态（见图 6.3）。泰国央行不能降低本国利率提振国内实体经济，因为降低利率会使泰国资本外逃规模更大；泰国不能大幅提升本国利率水平防止资本外流，因为提高利率会进一步造成国内经济紧缩。货币政策缺乏独立性无疑让泰国衰退的经济雪上加霜。

索罗斯之所以能够成功"袭击"泰铢，与泰国资本账户过早开放存在密切的关系。1990—1995 年，泰国采取了多种吸引资本流入和促进资本自由流动的政策。泰国政府当局希望通过银行系统使国内实体经济更容易进入国际市场，先后建立曼谷国际银行机构（BIBF）和地方性国际银行机构（PIBF），并给 BIBF 以税收激励和优惠的待遇。PIBF 可以从海外获得资金，可以提供泰铢和外币信用服务，而 BIBF 可以吸收外币存款和从国外借款，并可以在泰国或国外借出外币。这就给国际投资者在外汇市场做空泰铢提供了机会。

考察期内，在汇率制度和资本账户开放没有发生显著[①]变化的情况下，泰国货币政策独立性指数依然处于一个波动的状态。结合泰国国际收支差额和美国利率变动趋势可看出泰国货币政策独立性波动的原因。2005 年，美国利率处于上升周期，泰国在存在国际收支逆差的情况下，不得不上调本国利率，否则会出现更大的国际收支赤字，因而泰国货币政策独立性指数在 2005 年处于一个低谷值。2010 年，美国利率处于下降周期，泰国在存在国际收支顺差的情况下，可以根据国内经济形势调整本国利率，因而泰国货币政策独立性指数在 2010 年处于一个波峰值。2008 年国际金融危机期间，泰国货币政策独立性指数也有一个显著的下降（见图6.5）。

泰国汇率制度改革对货币政策独立性的影响符合前文的分析结果。货币政策的独立性并不一定伴随着汇率制度弹性的增加而增强，货币政策独立性还会受到国际收支失衡和美国利率调整方向的影响。国际金融危机时期，货币政策独立性会处于一个较低的状态。

---

① Aizenman et al.（2013）计算得出的泰国金融开放指数显示，1970—2014 年泰国的资本账户开放只在 2007—2009 年有变化。

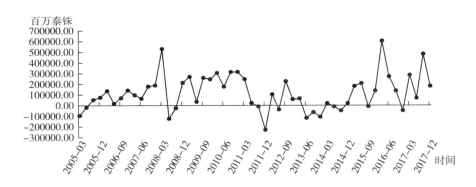

图 6.5　泰国国际收支差额（季度数据）

（资料来源：CEIC 数据库）

6.3　本章小结

日本和泰国的汇率制度和货币政策独立性的关系符合第 3 章的理论分析框架。在固定汇率制下，美国利率下降时，国内有资本流出压力，本国可以保持货币政策独立性，提升本国利率。在浮动汇率制时期，若本国面临大量资本外逃，美国利率上升时，本国会上调利率，即便本国经济处于下行周期，货币政策独立性减弱。

在日本汇率制度改革进程中，值得学习的经验是灵活使用资本管制工具减轻外汇市场干预压力。日元汇率制度改革后，在日元面临较大的升值或贬值压力时，日本通过调整资本账户流入和流出的限制手段，如调整自由日元存款账户的准备金率和贸易预付款免税限额，放松或收紧居民借入国外无指定贷款的限制和非居民买入证券的限制等，进而缓解国际收支失衡的状态。通过调整资本管制措施，日本央行在一定程度上缓解了日元升值或贬值的压力，增强了国内货币政策独立性。

日本的金融开放改革进程出现过较大的风险。在存在大规模国际收支顺差情况下，日本央行进行了汇率制度改革，日元有明显的升值压力。在美国政府的干预下，日元对美元大幅度升值。美国利率下行，日本有大规模国际收支顺差，日本货币政策缺乏独立性，日本政府为减轻日元升值压力采取了宽松型货币政策。在宽松货币政策环境下，日本国内没

139

有积极扩大对实体经济的投资，大量资金投向了楼市和股市，催生了巨大的资产泡沫，最终导致日本经济出现大萧条。

泰国金融开放的经验表明，在资本账户开放的进程比汇率制度改革进程更快的情况下，当本币汇率被高估（或低估）时，本币容易遭受国际投机资本的攻击，进而引发货币危机。在出现货币危机的情况下，浮动汇率制度无法保证国内货币政策的独立性，在缺乏货币政策独立性的情况下，国内经济会受到更加严重的冲击。

从日本和泰国的汇率制度改革经验来看，在人民币汇率制度改革进程中应当注意以下几个方面：（1）不能过早地开放资本账户，在汇率制度改革进程中，应根据汇率的波动趋势，实施相应的资本管制措施，以缓解国际收支失衡的状态；（2）汇率制度改革的时点不应选在国际收支严重失衡的状态下，应尽量选在国际收支较为平衡的状态下；（3）不能迫于政治压力大幅调整汇率水平；（4）在汇率制度改革过程中，要考虑国际收支状态和美国货币政策的调整方向，充分考虑汇率制度改革对货币政策独立性的影响，保证央行宏观调控的能力。

第7章 研究结论与政策启示

7.1 研究结论

在蒙代尔—弗莱明模型和不可能三角假说的基础上，本书建立理论分析框架探索汇率制度选择对中国货币政策独立性的影响。理论分析表明，国际收支失衡、汇率制度、资本流动和货币政策独立性表现出"四重奏"特征，超越了不可能三角假说的分析边界。汇率制度对货币政策独立性的影响还取决于国际收支失衡的状态、国际货币政策调整方向和资本流动性。在固定汇率制下，一国可以拥有货币政策独立性；在浮动汇率制下，一国同样可能会缺乏货币政策独立性；而在中间汇率制度下，货币政策独立性可能会随着汇率弹性的增加而上升，也可能随着汇率制度弹性的增加而下降。

本书以中美两国为例，分析在不同汇率制度下，美国货币政策和中国国际收支失衡对中国数量型货币政策和利率政策的影响，进而理解人民币汇率制度选择对中国货币政策独立性的影响。

当存在国际收支失衡时，在固定汇率制和中间汇率制下，数量型货币政策缺乏独立性。在事实上的浮动汇率制下，央行不会通过买卖外汇干预外汇市场，美国货币政策和国际收支失衡不会对数量型货币政策产生影响，国内数量型货币政策可以保持独立性。

在资本账户开放度不变、中间汇率制度下，更大的汇率制度弹性不一定能够增强数量型货币政策独立性。在中间汇率制下公众预期不稳定，汇率波动会给外汇市场带来很大的不确定性。当本币升值/贬值造成外汇市场出现更大规模的资本流入/资本流出时，汇率制度弹性的增加会造成更大规模的国际收支失衡，从而削弱数量型货币政策的独立性。

利率政策独立性不仅取决于汇率制度的类型，还取决于美国利率的变动方向和中国国际收支失衡的状态。假设美国上调/下调联邦基金利率，中国没有出现大规模资本外流/资本流入，而是保持国际收支顺差/适度规模顺差或逆差，则无论处于何种汇率制度下，中国利率政策可以独立于美国货币政策。假设美国上调利率导致中国出现大规模资本外逃，或者美国下调利率导致中国出现大规模"热钱"涌入，则无论处于何种汇率制度下，中国利率政策独立性会受到影响。汇率制度弹性对货币政策独立性的影响取决于人民币升值（贬值）幅度和中国央行对汇率波动的容忍度。若中国央行能够接受人民币汇率波动的幅度并且人民币汇率波动没有在外汇市场上引发大规模跨境资本流动，汇率制度弹性增加有助于提高利率政策的独立性。

美国出现经济或金融危机并蔓延至全球时，无论中国央行实施哪种汇率制度，美国量化宽松货币政策都会对中国货币政策造成显著影响。当美国实施量化宽松货币政策时，国际市场存在大量美元流动性。中国央行会下调本国利率减轻"热钱"流入的压力。即使中国下调本国利率，依然会有一定规模的国际资本流入中国，中国资本与金融账户下的顺差规模扩大，在人民币汇率制度缺乏弹性的情况下，国内货币供应增加。因而，美国量化宽松货币政策会对中国数量型货币政策和利率政策都产生显著影响。

在理论分析的基础上，本书建立计量模型分析1999—2017年人民币汇率制度选择对中国货币政策独立性的实际影响。实证分析主要得出四点结论。

（1）结构突变点检验和新外部货币锚模型的实证结果表明，1999—2017年，人民币汇率制度发生过五次变迁，比官方公布汇率制度改革次数多两次（2008年8月和2011年10月）。2008年8月，国际金融危机爆发，为维持国内经济稳定，避免东亚区域货币竞争性贬值，人民币汇率制度从有管理的浮动汇率制回归到单一盯住美元汇率制。2011年10月，央行对人民币参考的货币篮子作了细微调整。其他汇率制度变化时点和官方公布的汇率制度变化时间基本吻合。这反映出人民币汇率制度的透明度较高，虽然央行公布的官方汇率制度和实际汇率制度存在一定差别，但是大部分时间两者的差别较小。

从人民币参考的货币篮子来看，1999 年 1 月至 2015 年 7 月，美元是人民币主要盯住的锚货币，但是美元的权重有下降的趋势，在 2015 年 8 月以后，美元在人民币货币篮子中的权重迅速下降。由此可见，中国表现出较强的"去美元化"特征。中国正由盯住汇率制转变为更加富有弹性的汇率制度，并逐渐减小美元对人民币汇率的影响。

（2）向量自回归模型和因子增广型向量自回归模型的实证结果表明，中国利率政策、数量型货币政策能够保持相当的独立性，仅在一定程度上会受到外部经济因素的影响，中国表现出较为和谐的"四重奏"特征。主要原因是中国严格的资本管制，并且国际收支基本处于顺差状态，国内外利差变动没有导致大规模跨境资本流动。利率政策、数量型货币政策两者受到的影响因素有所不同，中国利率政策因子主要受到强经济国家货币政策的影响，而中国数量型货币政策的直接影响因素是国内外汇储备变动（国际收支失衡），间接影响因素是美国货币政策和全球风险因子。美国货币政策和全球货币政策因子对中国利率政策因子都存在显著的正向影响，即中国货币政策会受到多个发达经济体货币政策的影响。美国量化宽松货币政策的实施对中国整体货币政策（包括利率、数量和汇率）有显著影响。在人民币汇率制度缺乏弹性，跨境资本流动规模较大的情况下，美国等强经济体国家的货币政策对中国货币政策有较强的外溢性，但中国长期存在结构性国际收支顺差，美国等强经济体货币政策的调整没有对中国国际收支造成太大冲击，因而中国在一定程度上可以保持国内货币政策的独立性。

中国货币政策因子对外汇储备冲击的脉冲响应图显示，外汇储备对中国数量型货币政策有显著影响，但是外汇储备冲击并没有对本国利率产生显著影响。这其中有两方面的原因，一方面，中国长期存在较为严格的利率管制，央行的基准利率水平一直维持在一个稳定的状态；另一方面，中国央行实施的外汇冲销政策较为有效，减小了国际收支失衡对利率政策的冲击。因此，外汇储备增加没有让中国央行下调利率，即国际收支失衡没有对中国利率政策产生显著影响。

（3）时变参数向量自回归模型的实证结果表明，对比考察的六个时点，在2005年8月美国货币政策对中国利率政策的影响最弱，即2005年7月人民币汇率形成机制改革显著增强了中国利率政策的独立性。2015年8月，人民币汇率制度弹性达到最大，但是美国货币政策对中国利率政策的影响却没有随汇率制度弹性增加而减弱。两个时点的国际收支状态分别是中国存在国际收支双顺差（2005年第三季度）和经常账户顺差与金融账户逆差（2015年第三季度），两个时点美国利率都处于上调状态。在美国利率上调、国际收支保持顺差时，货币政策独立性会随着汇率制度弹性的增加而提升；当资本大量外流时，汇率制度弹性增加会削弱货币政策独立性。国际金融危机期间，美国货币政策对中国货币政策的外溢性最强，中美两国都实施宽松型的货币政策。这与理论分析框架得出的结论相符。

全球货币政策因子对中国利率政策的影响仅在危机时期与其他时期有显著不同。这主要有两个原因。一是中国长期实行单一盯住美元制或参考一篮子货币的有管理浮动汇率制。人民币汇率制度由单一盯住美元制转为参考一篮子货币的有管理浮动汇率制，人民币对美元的汇率弹性在变大，但人民币对一篮子货币（美元、欧元、日元和英镑）的汇率制度弹性没有发生十分显著的变化。二是发达经济体货币政策在国际金融危机期间保持一致，都处于极度宽松状态。然而，发达经济体的货币政策经常表现出分化特征，如2015年，美国经济复苏，美联储走上加息道路，而欧元区、日本的经济形势低迷，国内的货币政策环境依然处于宽松状态。在发达经济体货币政策处于分化的情况下，全球货币政策因子相当于一个缩小器，把各经济体货币政策的状态进行了一定程度上的"中和"。全球货币政策因子比美国货币政策的变动幅度更小，从而全球货币政策因子对中国跨境资本流动的影响要比美国货币政策对中国跨境资本流动的影响更小。在中国长期保持国际收支顺差的情况下，中国货币政策能够相对于全球货币政策因子保持较强的独立性。因而，在不同汇率制度下，全球货币政策因子对中国利率政策的影响没有出现显著变化。

在时变参数向量自回归模型中，数量型货币政策对中国外汇储备、美国货币政策和全球货币政策因子的脉冲响应图显示，数量型货币政策受到的影响仅在危机时期与其他时期存在显著差异。危机时期，美国实施量化宽松货币政策，全球美元流动性泛滥，中国资本流入增加。同时，中国国内实施扩张性货币政策释放了大量流动性。汇率制度弹性变化没有使中国数量型货币政策独立性发生显著变化。这反映出中国央行冲销政策是有效的，能够较好地调控外汇储备和美国货币政策等因素对中国数量型货币政策的影响，使国内货币供给保持一个较为适中的增长率。

总的来说，时变参数向量自回归模型的实证结果与理论分析框架中人民币汇率制度选择对中国货币政策独立性影响的分析结果保持一致。人民币汇率制度对中国货币政策独立性的影响结果，还取决于美国货币政策变动方向、中国国际收支状态和外汇冲销政策的有效性。这是本书得出的重要结论。

（4）对于中国实体经济和金融市场而言，中国外汇储备的正向冲击对中国整个实体经济有较强的正向影响，但是中国外汇储备对中国金融市场没有造成显著影响。美国货币政策对中国工业产出有正向影响。美国货币政策和全球货币政策因子都对中国价格因子有正向影响。美国上调利率时，美国实体经济一般处于发展较好的时期，美国实体经济增长会带动中国出口，进而促进中国工业产出增加。同理，美国在出现通货膨胀时会上调美国利率，美国的通货膨胀会传导到国际市场，引发中国物价上涨。

美国货币政策和全球货币政策因子对中国产出因子和金融市场并没有产生显著的影响。中国产出因子除了包含工业产出以外，还包括能源产量和经济景气指数等。中国是大国经济体，中国产出因子主要是由国内外市场力量来决定，而不会显著受到国外货币政策的影响。中国金融市场受到外部经济因素的影响较弱，这可能是因为中国金融市场开放度较低。以上实证结果表明，强经济体货币政策对中国货币政策的影响（即中国货币政策独立性受到影响）对中国实体经济带来一定冲击，没有给中国金融市场带来显著的冲击。

时变参数向量自回归模型的实证结果显示，在所有考察的时点中，国际收支失衡、美国货币政策和全球货币政策因子对中国实体经济和金融市场的影响并没有随着汇率制度变化而表现出显著差异。在不同考察时点中，外汇储备对中国产出因子的影响存在一定差异。2005 年 5 月和 8 月，外汇储备对中国产出因子的影响更大。这反映出国际金融危机前，中国产出受到外汇储备的影响更大。美国货币政策和全球货币政策对中国实体经济和金融市场的影响并没有发生显著的变化。

通过分析日本和泰国汇率制度改革对货币政策独立性的影响，本书发现在汇率制度改革进程中，灵活使用资本管制工具可减轻外汇市场干预压力，增强货币政策独立性。日元汇率制度改革后，在日元面临较大的升值或贬值压力时，日本通过调整资本账户流入和流出的限制手段，缓解了日本国际收支失衡的状态。

汇率制度改革时机不恰当容易引发金融风险并降低货币政策独立性。在存在大规模国际收支顺差时，日本央行进行了汇率制度改革，日元有明显的升值压力，同时期美国实施扩张性货币政策，日本央行只能采取扩张性货币政策减轻日元升值压力，货币政策独立性下降。泰国的资本账户开放的进程比汇率制度改革进程更快，泰铢在被高估的情况下，遭受了国际投机资本的攻击，进而引发了货币危机；同时，货币政策独立性有所降低。货币政策缺乏独立性会给国内经济进一步带来负面影响。在经济过热的情况下，日本货币政策依然和美国货币政策保持同步，持续实施宽松的货币政策。在宽松货币政策环境下，日本国内没有积极扩大对实体经济的投资，大量资金投向了楼市和股市，催生了巨大的资产泡沫，资产泡沫破裂导致日本经济出现大萧条。

7.2 政策启示

中国国际收支呈现适度双顺差格局时，在固定汇率制和中间汇率制下，中国可以保持利率政策的独立性。但是，数量型货币政策会受到很大的影响。央行通过冲销政策保持一个较为合理的货币供应量增长率，然而冲销政策的成本是高昂的。采用冲销政策维持央行货币政策的独立性并不是一个可持续的政策操作。

2015 年以来，中国国际收支出现结构性变化，不再表现为国际收支双顺差，中国发生严重的资本外流，金融账户在部分季度出现巨额逆差。在固定汇率制或中间汇率制度下，中国利率政策和数量型货币政策都难以维持独立性。在大规模资本外流的情况下，外汇市场上存在人民币贬值预期，进一步扩大了资本外逃的规模。随着美国经济复苏，美联储在 2015 年开始加息。根据文中的理论分析，当美国利率上升且中国出现大规模资本外流时，中国货币政策会缺乏独立性。为稳定人民币汇率并防止更大规模的资本外流，数量型货币政策和利率政策会同时走向紧缩。然而，中国经济增长速度在趋缓，有通货紧缩的风险。中国央行理应实施扩张性的货币政策。货币政策缺乏独立性束缚了中国央行宏观调控的能力。

余永定（2017）认为，现阶段中国央行还面临着汇率稳定、保有外汇储备和公信力的新"三难选择"[125]。中国央行对外宣称要维持汇率稳定，要想保持公信力，就必须干预外汇市场，在人民币有贬值压力的情况下，央行会损失大量外汇储备；中国央行对外宣称要维持汇率稳定，又不想损失外汇储备，那么汇率出现波动会损害中国央行的公信力。央行的公信力是有效宏观调控的重要基础、外汇储备是中国长期对外贸易积累起来的财富，不应出现大的损失。

在国际收支不再持续表现为双顺差的情况下，要提升中国货币政策独立性，增强中国央行的宏观调控能力，保护国家外汇储备，保持国家的公信力，减少冲销政策的运用，中国央行应当让人民币汇率自由浮动或者加强资本管制。随着世界经济金融一体化程度越来越高，跨境资本流动的规模越来越大并且逃避管制的方式也越来越多，资本管制的成本日渐提高。因此，人民币汇率形成机制市场化，走向浮动是实现上述目标的合理选择。

长期来看，人民币汇率制度弹性化有助于中国实现国际收支平衡，减小央行干预外汇市场的力度，增强货币政策的独立性。过去很长一段时间，中国国际收支处于不平衡状态，这与中国出口贸易结构和汇率制度等因素有关。随着中国的对外贸易结构和吸引外资政策的变化，国际收支失衡对汇率波动的敏感系数会逐渐增加，浮动汇率制度有助于让中国国际收支达到基本平衡的状态。

在人民币汇率制度由中间汇率制度向浮动汇率制度转变的过程中，增加汇率制度弹性会带来一定的风险。为尽可能减小汇率制度改革的风险并且提升中国货币政策的独立性，中国央行应当做好以下五个方面的工作。

（1）选择适当的汇率制度改革时机。处于国际货币体系"外围"国家的货币政策独立性不一定局限于不可能三角假说的推断。决策者可以根据国内经济形势、本国资本开放程度和本国国际收支失衡状态，选择适当的汇率制度改革时机，从而实现综合收益更高的货币政策组合，实现和谐的"四重奏"。当国际收支有适度规模顺差、经济基本面表现良好和美国小幅上调利率时，汇率制度改革带来的冲击会较小，适合进行汇率制度改革。当国际收支有顺差并且经济基本面表现良好时，市场会对人民币有较强信心，不会出现大规模资本外流现象。同时，美国小幅上调利率，表明美国经济形势较好，市场对美元的信心也较强，因而人民币对美元不会大幅升值。根据理论分析框架，在此情况下，中国货币政策能够保持较强的独立性，从而给予中国央行足够的空间进行调整。

以下三种情形不是增加汇率制度弹性的好时机：一是中国国际收支有逆差，经济基本面下滑和美国大幅上调利率；二是中国国际收支有大规模顺差，经济过热和美国大幅下调利率；三是出现国际金融危机。根据理论分析框架可知，在以上三种情形下，汇率制度弹性增加不会增强货币政策独立性，货币政策独立性反而会有所减弱，这将削弱央行宏观调控的能力。在情形一中，市场上会存在很强的人民币贬值预期；在情形二中，市场上会形成很强的人民币升值预期；在情形三中，国际市场存在大量的投机资本，汇率制度改革会引发投机资本的攻击。无论在以上哪种情况下，增加汇率制度弹性都会造成人民币汇率剧烈波动，央行宏观调控能力下降，进而引发宏观经济和金融市场的风险。

（2）在金融改革开放进程中，人民币汇率制度改革要先于资本账户开放的进程，并且在汇率制度改革过程中，应该辅以资本管制措施，缓解国际收支失衡，进而减轻汇率波动的压力。日本金融开放的经验表明，汇率制度在从盯住美元制转为浮动汇率制的过程中，资本管制能够有效减轻汇率波动的压力。当市场存在货币贬值的压力时，加强资本流出的管制，鼓励资本流入；当市场存在货币升值的压力时，加强资本流入的管制，鼓励资本流出。从泰国金融开放的经验可看出，在资本账户比汇率制度改革更早开放的情况下，当本币汇率被高估（或低估）时，该国容易遭受国际投机资本的攻击，进而引发货币危机。

（3）加强外汇远期市场建设，建立央行克服浮动恐惧的基础。浮动恐惧是在中间汇率制和浮动汇率制下，货币政策缺乏独立性的主要原因。央行存在浮动恐惧的原因是汇率波动会给国内居民、企业和政府带来风险，从而给居民财富、企业经营和外汇储备资产造成负面冲击。央行要克服浮动恐惧就必须提供对冲汇率风险的途径，外汇远期市场中的期货、期权等金融产品能够帮助企业和居民有效地对冲汇率风险，从而有助于央行克服浮动恐惧。因此，应加强外汇远期市场的建设，提升国内货币政策独立性。

（4）深化金融改革，提供更优质的金融产品和服务，减少资本外逃的意愿。无论在何种汇率制度下，大规模资本外逃都会降低国内货币政策独立性，并给国内经济造成巨大的负面冲击。资本外逃的原因主要有两个：一是国内经济基本面不景气，资本为追求更高收益而流出本国；二是国内金融市场不够发达，没有足够的金融产品满足投资者的需求。当前，中国经济依然保持着中高速的增长速度，但却出现大规模的资本外逃，其中一个重要原因是中国国内提供的金融产品和服务有限，居民财富没有足够的投资渠道，这就造成居民具有资本外流的意愿。中国应该加强金融市场建设，加大金融创新力度，提供更全面、更优质的金融服务。

（5）加强国际合作，实现国际经济政策协调。本书的分析结果表明，美国等强经济体货币政策具有较强的外溢性，如果强经济体国家的货币政策只根据国内经济形势调整而不考虑国际经济形势的变化，那么会造成一些新兴市场经济体和欠发达国家的货币政策独立性下降并对国内经济产生负面影响。国际经济政策协调能够减小金融改革中的风险，降低不同国家间的经济政策摩擦，提升新兴市场经济体和欠发达国家的货币政策独立性。要实现国际经济政策协调，应该充分发挥现有国际经济组织（如国际货币基金组织和世界银行等）的作用，增加各国之间的国际经济、文化和政治交流。

中国国际收支正在发生结构性变化，不再维持双顺差，而且，随着世界经济金融一体化程度越来越高，跨境资本流动的规模越来越大，并且逃避管制的方式也越来越多，资本管制的成本日渐提高。中国是大国经济，必须保持货币政策独立性，增强中国央行的宏观调控能力。因此，要选择合适的时机让人民币汇率更加市场化，促进国际收支平衡。同时，保持国家的公信力，合理运用外汇储备，深化国内金融改革，加强国内金融市场建设和国际经济协调与合作。

参考文献

［1］ Aizenman J, Chinn M D, Ito H. The Emerging Global Financial Architecture：Tracing and Evaluating the New Patterns of the Trilemma's Configurations ［J］. Journal of International Money & Finance, 2010, 29（4）：615 – 641.

［2］ Aizenman J, Chinn M D, Ito H. Surfing the Waves of Globalization：Asia and Financial Globalization in the Context of the Trilemma ［J］. Journal of the Japanese & International Economies, 2011, 25（3）：290 – 320.

［3］ Aizenman J, Chinn M D, Ito H. The "Impossible Trinity" Hypothesis in an Era of Global Imbalances：Measurement and Testing ［J］. Review of International Economics, 2013, 21（3）：447 – 458.

［4］ Arratibel O, Michaelis H. The Impact of Monetary Policy and Exchange Rate Shocks in Poland：Evidence from a Time – Varying VAR ［R］. European Central Bank Working Paper, 2014, No. 1636.

［5］ Bai J, Perron P. Estimating and Testing Linear Models with Multiple Structural Changes ［J］. Econometrica, 1998 , 66（1）：47 – 78.

［6］ Bai J, Perron P. Computation and Analysis of Multiple Structural Change Models ［J］. Journal of Applied Econometrics, 2003, 18（1）：1 – 22.

［7］ Belviso F, Milani F. Structural Factor – Augmented VARs（SFA-VARs）and the Effects of Monetary Policy ［J］. Journal of Macroeconomics, 2006, 6（3）：1443 – 1484.

［8］ Bénassy – Quéré A, Coeuré B, Mignon V. On the Identification of De Facto Currency Pegs ［J］. Journal of the Japanese and International Economies, 2006, 20（1）：112 – 127.

[9] Bernanke B. Origins and Mission of the Federal Reserve [R]. The Federal Reserve and the Financial Crisis College Lecture Series, George Washington University, 2012.

[10] Bernanke B S, Boivin J. Monetary Policy in a Data – Rich Environment [J]. Journal of Monetary Economics, 2003, 50: 525 – 546.

[11] Bernanke B S, Boivin J, Eliasz P. Measuring the Effects of Monetary Policy: A Factor – Augmented Vector Autoregressive (FAVAR) Approach [J]. Quarterly Journal of Economics, 2005, 120 (1): 387 – 422.

[12] Bruno V, Shin H S. Capital Flows, Cross – Border Banking and Global Liquidity [R]. NBER Working Paper, 2013, No. 19038.

[13] Bodea C, Hicks R. International Finance and Central Bank Independence: Institutional Diffusion and the Flow and Cost of Capital [J]. The Journal of Politics, 2015, 77 (1): 268 – 284.

[14] Calvo G A, Reinhart C M. Fear of Floating [J]. The Quarterly Journal of Economics, 2002, 117 (2): 379 – 408.

[15] Cavoli T. Sterilization, Capital Mobility and Interest Rate Determination for East Asia [J]. Journal of Economic Integration, 2007, 22 (1): 210 – 230.

[16] Chang, J K, Lee J W. Exchange Rate Regime and Monetary Policy Independence in East Asia [J]. Pacific Economic Review, 2008, 13 (2): 155 – 170.

[17] Cheung Y, Tam D, Yin M S. Does the Chinese Interest Rate Follow the US Interest Rate [J]. International Journal of Finance and Economics, 2007, (13): 53 – 67.

[18] Chinn M D, Ito H. What Matters for Financial Development? Capital Controls, Institutions, and Interactions [J]. Journal of Development Economics, 2006, 81 (1): 163 – 192.

[19] Crowe C, Meade E E. The Evolution of Central Bank Governance Around the World [J]. The Journal of Economic Perspectives 2007, 21 (4):

69 – 90.

［20］Cukierman A. Central Bank Independence and Monetary Policymaking Institutions—Past, Present and Future ［J］. European Journal of Political Economy, 2008, 24 （4）: 722 – 736.

［21］Dubas J M, Lee B J, Mark N C. Effective Exchange Rate Classifications and Growth ［R］. NBER Working Paper, 2005, No. 11272.

［22］Edison H J, Klein M W, Ricci L A, et al. Capital Account Liberalization and Economic Performance: Survey and Synthesis ［J］. IMF Staff Papers, 2004, 51 （2）: 220 – 256.

［23］Edwards S. , Khan M S. Interest Rate Determination in Developing Countries: A Conceptual Framework ［R］. NBER Working Paper, 1985, No. 1531.

［24］Edwards S. Monetary Policy Independence Under Flexible Exchange Rates: An Illusion? ［J］. The World Economy, 2015, 38 （5）: 773 – 787.

［25］Eichengreen B, Hausmann R. Exchange Rates and Financial Fragility ［R］. National Bureau of Economic Research, 1999, No. 7418.

［26］Fleming J M, Domestic Financial Policies Under Fixed and Under Floating Exchange Rates ［J］. IMF Staff Papers, 1962, 9 （3）: 369 – 380.

［27］Frankel J A, Schmukler S L, Serven L. Verifiability and the Vanishing Intermediate Exchange Rate Regime ［C］. Brookings Trade Forum, 2000: 351 – 386.

［28］Frankel J. Global Transmission of Interest Rates: Monetary Independence and Currency Regime ［R］. NBER Working Paper, 2002, No. 8828.

［29］Franke J, Schmuklerm S L, Sewven L. Global Transmission of Interest Rates: Monetary Independence and Currency Regime ［J］. Journal of International Money and Finance, 2005, 23 （5）: 701 – 733.

［30］Frankel J, Wei S J. Yen Bloc or Dollar Bloc? Exchange Rate Policies of the East Asian Economies ［M］. University of Chicago Press, 1994,

Chicago.

[31] Frankel J, Wei S J. Estimation of De Facto Exchange Rate Regimes: Synthesis of The Techniques for Inferring Flexibility and Basket Weights [J]. IMF Staff Papers, 2008, 55 (3): 384 – 416.

[32] Friedman B M. Monetary Policy, Fiscal Policy and the Efficiency of Our Financial System: Lessons from the Financial Crisis [J]. International Journal of Central Banking, 2013, 8 (3): 301 – 309.

[33] Garg G. Impact of Trilemma Indicators on Macroeconomic Policy: Does Central Bank Independence Matter? [R]. Indira Gandhi Institute of Development Research Working Paper, 2015, 19.

[34] Georgiadis G, Mehl A. Trilemma, Not Dilemma: Financial Globalization and Monetary Policy Effectiveness [R]. Globalization & Monetary Policy Institute Working Paper, 2015.

[35] Ghosh A R, Gulde A M, Wolf H C. Exchange Rate Regimes: Classification and Consequences [M]. MIT Press, 2002.

[36] Ghosh A, Ghost R. Capital Controls, Exchange Rate Regime and Monetary Policy Independence in India [J]. International Journal of Economic Policy in Emerging Economies, 2012, 5 (5): 212 – 230.

[37] Giovanni J D, Shambaugh J C. The Impact of Foreign Interest Rates on the Economy: The Role of the Exchange Rate Regime [J]. Journal of International Economics, 2008, 74 (2): 341 – 361.

[38] Goh S K, Mcnown R. Examining the Exchange Rate Regime – monetary Policy Autonomy Nexus: Evidence from Malaysia [J]. International Review of Economics & Finance, 2015, 35: 292 – 303.

[39] Hausmann R, Panizza U, Stein E. Why Do Countries Float the Way They Float? [J]. Journal of Development Economics, 2001, 66 (2): 387 – 414.

[40] Ito H, Kawai M. Determinants of the Trilemma Policy Combination [R]. ADBI Working Papers, 2014.

［41］ Ilzetzki E, Reinhart C M, Rogoff K S. The Country Chronologies to Exchange Rate Arrangements into the 21st Century：Will the Anchor Currency Hold? ［R］. NBER Working Paper, 2017, No. 23135.

［42］ Imakubo K. , Nakajima J. Estimating Inflation Risk Premia from Nominal and Real Yield Curves Using a Shadow – Rate Model ［R］. Bank of Japan Working Paper Series, 2015, No. 15 – E – 1.

［43］ Kim C J, Lee J W. Exchange Rate Regimes and Monetary Independence in East Asia ［R］. KIEP Working Paper, 2011, No. 11.

［44］ Klein M W, Shambaugh J C. Rounding the Corners of the Policy Trilemma：Sources of Monetary Policy Autonomy ［J］. American Economic Journal：Macroeconomics, 2015, 7（4）：33 – 66.

［45］ Krugman P O. Canada—A Neglected Nation Gets Its Nobel ［J］. Slate, 1999.

［46］ Li S, Tsai L C. Would A Relaxation of the Exchange Rate Regime Increase the Independence of Chinese Monetary Policy? Evidence from China ［J］. Emerging Markets Finance & Trade, 2013, 49（3）：103 – 123.

［47］ Loffler A, Schnabl G, Schobert F. Limits of Monetary Policy Autonomy by East Asian Debtor Central Banks ［J］. Social Science Electronic Publishing, 2012, 62（2）.

［48］ Lombardi D, Siklos P L, Xie X. Monetary Policy Transmission in Systemically Important Economies and China's Impact ［J］. Journal of Asian Economics, 2018, 59：61 – 79.

［49］ Majumder S B, Nag R N. Policy Trilemma in India：Exchange Rate Stability, Independent Monetary Policy and Capital Account Openness ［J］. Global Economy Journal, 2017, 17（3）：615 – 641.

［50］ Mandilaras A. The International Policy Trilemma in the Post – Bretton Woods Era ［J］. Journal of Macroeconomics 2015, 44：18 – 32.

［51］ McKinnon R. After the Crisis, the East Asian Dollar Standard Resurrected：An Interpretation of High Frequency Exchange Rate Pegging ［J］.

Ssrm Electronic Journal, 2001.

[52] Mundell R A. A Theory of Optimal Currency Area [J]. American Economic Review, 1961, 51.

[53] Mundell R A. Capital Mobility and Stabilization Policy Under Fixed and Flexible Exchange Rates [J]. Canadian Journal of Economics and Political Science, 1963, 29 (4): 475 – 485.

[54] Nakajima J. Time – varying Parameter VAR Model with Stochastic Volatility: An Overview of Methodology and Empirical Applications [R]. Institute for Monetary and Economic Studies, Bank of Japan, 2011.

[55] Obstfeld, M, Shambaugh J C, Taylo A M. The Trilemma in History: Tradeoffs among Exchange Rates: Monetary Policies and Capital Mobility [J]. Review of Economics and Statistics, 2005, 87: 423 – 438.

[56] Obstfeld, M. Trilemmas and Trade – offs: Living with Financial Globalisation [J]. Social Science Electronic Publishing, 2015, 20.

[57] Obstfeld M. Model Trending Real Exchange Rates [R]. Center for International & Development Economics Research Working Papers, 1994.

[58] Pang K , Siklos P L. Macroeconomic Consequences of the Real – Financial Nexus: Imbalances and Spillovers between China and the US [J]. Journal of International Money and Finance, 2016, 65: 195 – 212.

[59] Primiceri G E. Time Varying Structural Vector Autoregressions and Monetary Policy [J]. The Review of Economic Studies, 2005, 72 (3): 821 – 852.

[60] Reinhart C M, Rogoff K S. The Modern History of Exchange Rate Arrangements: A Reinterpretation [J]. Quarterly Journal of Economics, 2004, 119 (1): 1 – 48.

[61] Rey H. International Channels of Transmission of Monetary Policy and the Mundellian Trilemma [J]. IMF Economic Review, 2016, 64 (1): 6 – 35.

[62] Rey H. Dilemma Not Trilemma: the Global Financial Cycle and

Monetary Policy Independence ［R］. NBER Working Paper，2015，No. 21162.

［63］ Shu C，Chow N，Chan J Y. Impact of the Renminbi Exchange Rate on Asian Currencies ［J］. China Economic Issues，2007，3.

［64］ Shu C，He D，Cheng X. One Cueerncy，Two Markets：the Renminbi's Growing Influence in Asia – Pacific ［J］. China Economic Review，2015，33：163 – 178.

［65］ Sims C A. Macroeconomics and Reality ［J］. Econometrica：Journal of the Econometric Society，1980：1 – 48.

［66］ Wu J C，Xia F D. Measuring the Macroeconomic Impact of Monetary Policy at the Zero Lower Bound ［J］. Journal of Money，Credit and Banking，2016，48（2 – 3）：253 – 291.

［67］ 丁岚，韩峰. 人民币汇改进程及其动因的建模研究 ［J］. 经济与管理研究，2014（6）：66 – 73.

［68］ 法文宗. 外汇储备快速增长对我国货币政策独立性的影响 ［J］. 亚太经济，2010（4）：32 – 36.

［69］ 范从来，赵永清. 中国货币政策的自主性：1996～2008 ［J］. 金融研究，2009（5）：22 – 34.

［70］ 范小云，陈雷，祝哲. 三元悖论还是二元悖论——基于货币政策独立性的最优汇率制度选择 ［J］. 经济学动态，2015（1）：55 – 65.

［71］ 方先明，裴平，张谊浩. 外汇储备增加的通货膨胀效应和货币冲销政策的有效性——基于中国统计数据的实证检验 ［J］. 金融研究，2006（7）：13 – 21.

［72］ 何国华，袁仕陈. 货币替代和反替代对我国货币政策独立性的影响 ［J］. 国际金融研究，2011（7）：4 – 10.

［73］ 何国华，彭意. 美、日货币政策对中国产出的溢出效应研究 ［J］. 国际金融研究，2014（2）：19 – 28.

［74］ 何慧刚. 中国外汇冲销干预和货币政策独立性研究 ［J］. 财经研究，2007，33（11）：18 – 30.

［75］何彦清．美国利率政策对中国经济的外溢效应研究［D］．上海：华东师范大学，2017.

［76］和萍．渐进资本开放下中国货币政策的独立性［J］．经济理论与经济管理，2006（11）：26－31.

［77］胡再勇．我国的汇率制度弹性、资本流动性与货币政策自主性研究［J］．数量经济技术经济研究，2010（6）：20－34.

［78］黄泰岩．2015年中国经济研究热点排名与分析［J］．经济学家，2016（11）：5－18.

［79］姜波克，李心丹．货币替代的理论分析及其对中国的影响［J］．经济与管理，1998（4）：25－26.

［80］姜波克．国际金融新编［M］．4版．上海：复旦大学出版社，2008.

［81］蒋志芬．国际收支双顺差成因及对货币政策的影响分析［J］．财贸经济，2008（5）：52－56.

［82］金山．中国货币政策的独立性：基于协整分析方法和VAR模型的实证研究［J］．上海经济研究，2009（5）：3－11.

［83］李婧．中国资本账户自由化与人民币汇率制度选择［D］．北京：中国社会科学院研究生院，2002.

［84］李婧．人民币汇率制度与人民币国际化［J］．上海财经大学学报，2009，11（2）：76－83.

［85］李婧，解祥优．东亚经济体汇率制度的迁跃——基于结构突变点检验［J］．经济社会体制比较，2015（6）：100－110.

［86］李婧，解祥优．人民币是否已经成为东亚地区的锚货币？［J］．四川大学学报（哲学社会科学版），2016（1）：80－88.

［87］刘金山．非正常资金流入与货币政策独立性［J］．学术研究，2007（11）：73－76.

［88］李少昆．美国货币政策是全球发展中经济体外汇储备影响因素吗？［J］．金融研究，2017（10）：68－82.

［89］李晓，丁一兵．人民币汇率变动趋势及其对区域货币合作的影

响［J］. 国际金融研究, 2009（3）: 8-15.

［90］鲁迪格·多恩布什, 斯坦利·费希尔, 理查德·斯塔兹, 等. 宏观经济学［M］. 北京: 中国人民大学出版社, 2010.

［91］解祥优, 李婧. 中国货币之谜: 一个新的理论分析框架［J］. 南大商学评论, 2016（1）: 153-170.

［92］潘再见. 货币政策独立性: 一个文献综述［J］. 海南金融, 2015（9）: 11-15.

［93］裘骏峰. 国际储备积累、实物与资产价格通胀及货币政策独立性［J］. 经济学（季刊）, 2015, 14（2）: 677-702.

［94］曲强, 张良, 扬仁眉. 外汇储备增长、货币冲销的有效性及对物价波动的动态影响——基于货币数量论和 SVAR 的实证研究［J］. 金融研究, 2009（5）: 47-60.

［95］沈军, 吴晓敏, 胡元子. 扩展三元悖论视角下的印度汇率制度改革对中国的启示［J］. 国际金融研究, 2015（3）: 88-96.

［96］孙华妤, 马跃. 货币政策对外自主性: 中国的实践［J］. 数量经济技术经济研究, 2015（1）: 52-66.

［97］孙华妤. 中国货币政策独立性和有效性检验——基于1994—2004年数据［J］. 当代财经, 2006（7）: 26-32.

［98］孙华妤. 传统钉住汇率制度下中国货币政策自主性和有效性: 1998~2005［J］. 世界经济, 2007, 30（1）: 29-38.

［99］孙华妤. "不可能三角"不能作为人民币汇率制度选择的依据［J］. 金融博览, 2004（12）: 11-16.

［100］孙凯, 秦宛顺. 关于我国中央银行独立性问题的探讨［J］. 金融研究, 2005（1）: 32-42.

［101］谈正达. 外汇占款对我国货币政策有效性的影响研究［D］. 上海: 上海交通大学, 2012.

［102］陶士贵, 王振杰. 外汇冲销式干预对中国货币政策独立性的影响研究［J］. 经济经纬, 2012（2）: 146-150.

［103］陶士贵. 人民币对外币的"货币反替代"问题探讨［J］. 广

东金融学院学报，2007，22（6）：78-83.

[104] 汪洋. 中国货币政策工具研究 [M]. 北京：中国金融出版社，2009.

[105] 王国刚. 中国货币政策调控工具的操作机理：2001—2010 [J]. 中国社会科学，2012（4）：62-82.

[106] 王倩. 东亚经济体汇率的锚货币及汇率制度弹性检验——基于新外部货币模型的实证分析 [J]. 国际金融研究，2011（11）：30-38.

[107] 王三兴，王永中. 资本渐进开放、外汇储备累积与货币政策独立性——中国数据的实证研究 [J]. 国际金融研究，2011（3）：37-45.

[108] 王珊珊，黄梅波. 人民币区域化对中国货币政策独立性的影响——基于三元悖论指数的检验 [J]. 贵州财经大学学报，2014，32（6）：42-47.

[109] 卫迎春，邹舒. 中国货币政策对美国货币政策独立性的实证分析 [J]. 国际贸易问题，2012（7）：115-124.

[110] 吴晓灵. 国际收支双顺差下的中国货币政策 [J]. 中国金融，2007（1）：12-13.

[111] 伍戈，刘琨. 探寻中国货币政策的规则体系：多目标与多工具 [J]. 国际金融研究，2015，339（1）：15-24.

[112] 吴宏，刘威. 美国货币政策的国际传递效应及其影响的实证研究 [J]. 数量经济技术经济研究，2009（6）：42-52.

[113] 武剑. 货币冲销的理论分析与政策选择 [J]. 管理世界，2005（8）：6-10.

[114] 伍志文. 货币供应量与物价反常规关系：理论及基于中国的经验分析——传统货币数量论面临的挑战及其修正 [J]. 管理世界，2002（12）：15-25.

[115] 肖卫国，兰晓梅. 美联储货币政策正常化对中国经济的溢出效应 [J]. 世界经济研究，2017（12）：38-49.

［116］肖娱．美国货币政策冲击的国际传导研究——针对亚洲经济体的实证分析［J］．国际金融研究，2011（9）：18 – 29．

［117］谢平，张晓朴．货币政策与汇率政策的三次冲突——1994—2000 年中国的实证分析［J］．国际经济评论，2002（3）：30 – 35．

［118］徐奇渊，杨盼盼．东亚货币转向钉住新的货币篮子？［J］．金融研究，2016（3）：31 – 41．

［119］杨柳，黄婷．我国汇率制度弹性、货币政策有效性与货币政策独立性研究——基于 SFAVAR 模型的实证分析［J］．管理评论，2015，27（7）：43 – 57．

［120］杨艳林．中国的"三元悖论"政策目标组合选择及其影响［J］．经济评论，2012（4）：120 – 127．

［121］易纲，汤弦．汇率制度的"角点解假设"的一个理论基础［J］．金融研究，2001（8）：5 – 17．

［122］伊楠，李婧．人民币盯住一篮子货币汇率制度演变的实证分析——基于 BP 检验和非参数估计方法［J］．国际金融研究，2014（7）：72 – 79．

［123］游宇，黄宗晔．资本管制对融资结构和经济增长的影响［J］．金融研究，2016（10）：32 – 47．

［124］余振，张萍，吴莹．美国退出 QE 对中美两国金融市场的影响及中国的对策——基于 FAVAR 模型的分析［J］．世界经济研究，2015（4）：24 – 32．

［125］余永定．汇率预期、资本流动和人民币汇率制度改革之道［J］．清华金融评论，2017（9）：21 – 24．

［126］余永定，覃东海．中国的双顺差：性质、根源和解决办法［J］．世界经济，2006（3）：31 – 41．

［127］余永定，肖立晟．完成"811 汇改"：人民币汇率形成机制改革方向分析［J］．国际经济评论，2017（1）：23 – 41．

［128］张明．中国国际收支双顺差：演进前景及政策涵义［J］．上海金融，2012（6）：3 – 9．

[129] 张曙光，张斌. 外汇储备持续积累的经济后果 [J]. 经济研究，2007（4）：18 – 29.

[130] 赵进文，张敬忠. 人民币国际化、资产选择行为与货币政策独立性 [J]. 经济与管理评论，2013（6）：78 – 86.

[131] 赵敏，高露. "一带一路"背景下人民币国际化的矛盾与化解——基于"不可能三角"理论的批判 [J]. 经济学家，2017（11）：64 – 72.

[132] 周小川. 记者会文字实录 [EB/OL].（2016 – 02 – 26）[2020 – 06 – 26]. http：//www. pbc. gov. cn/goutongjiaoliu/113456/113469/3021832/index. html.

[133] 朱亚培. 开放经济下国际收支对中国货币政策独立性的影响 [J]. 世界经济研究，2013（11）：21 – 26.

附录 A　向量自回归模型脉冲响应图

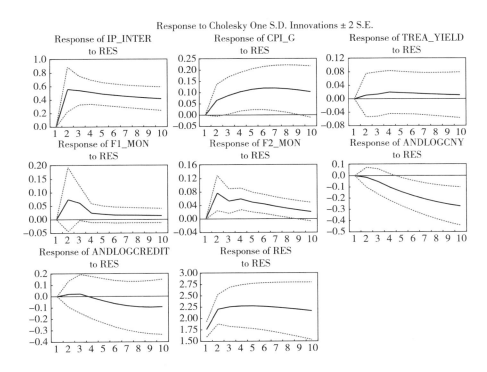

图 A.1　VAR 模型脉冲响应结果（以全球货币政策因子作为模型外生变量）

附录 B　因子增广型向量自回归
模型脉冲响应图

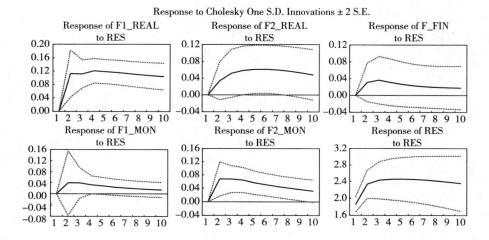

图 B.1　FAVAR 模型脉冲响应结果（以全球货币政策因子作为模型外生变量）

附录 C TVP–SV–VAR 模型
脉冲响应图：中国外汇储备冲击

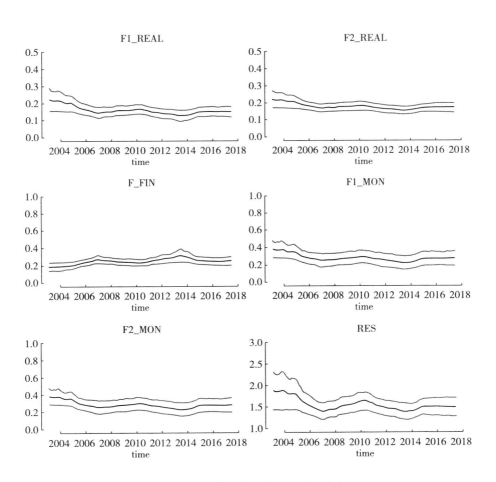

图 C.1 各变量的变动及后验波动率

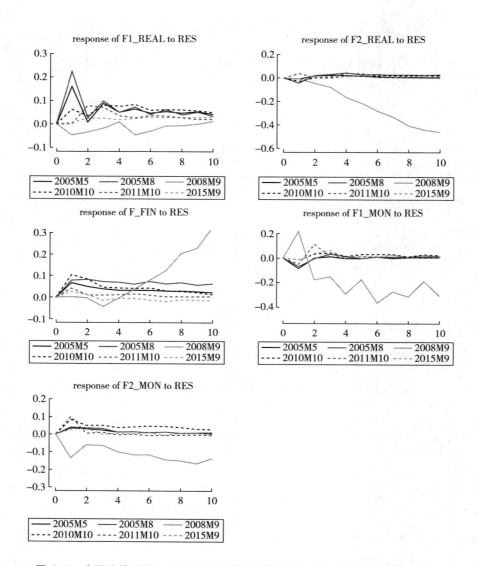

图 C.2 中国实体经济、金融市场和货币政策对外汇储备冲击的脉冲响应结果

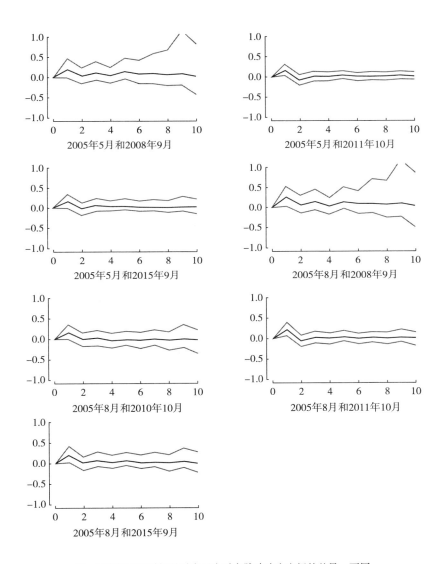

注：图中标注的时间是对应两个时点脉冲响应之间的差异，下同。

图 C. 3 不同时点外汇储备对中国产出因子影响的差异

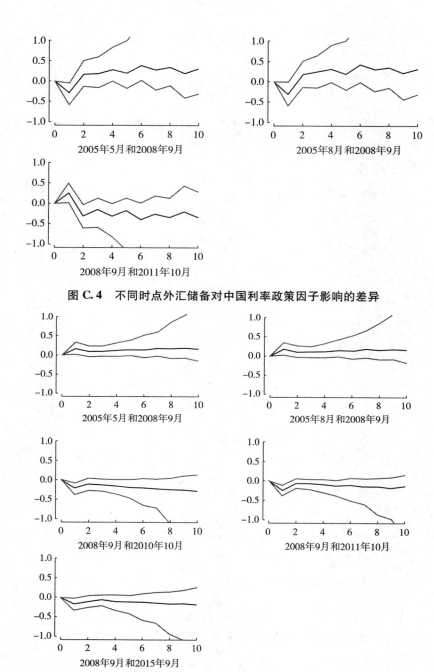

图 C.4 不同时点外汇储备对中国利率政策因子影响的差异

图 C.5 不同时点外汇储备对中国数量型货币政策因子影响的差异

附录 D　TVP – SV – VAR 模型脉冲响应图：美国货币政策冲击

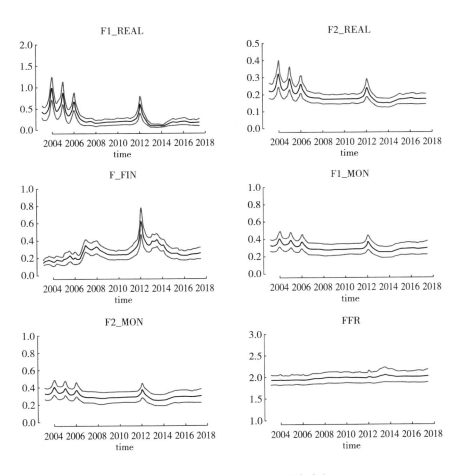

图 D.1　各变量的变动及后验波动率

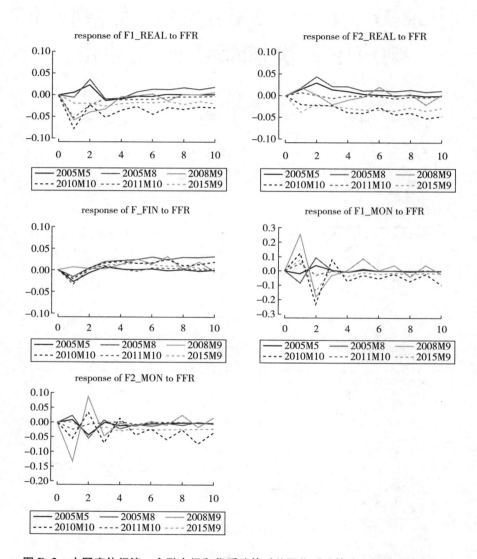

图 D. 2　中国实体经济、金融市场和货币政策对美国货币政策冲击的脉冲响应结果

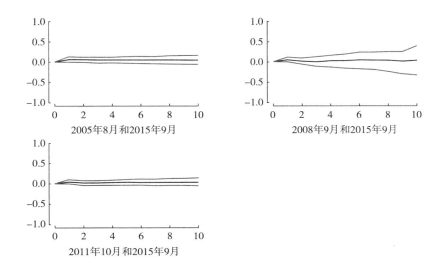

图 D. 3　不同时点美国联邦基金利率对中国物价因子影响的差异

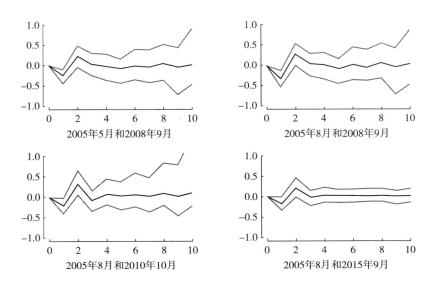

图 D. 4　不同时点美国联邦基金利率对中国利率政策因子影响的差异

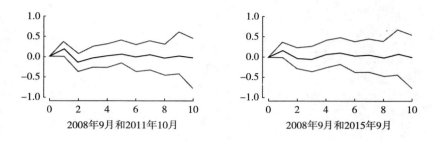

图 D. 4　不同时点美国联邦基金利率对中国利率政策因子影响的差异（续）

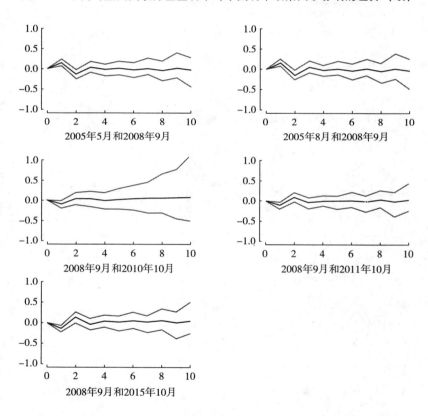

图 D. 5　不同时点美国联邦基金利率对中国数量型货币政策因子影响的差异

附录 E TVP–SV–VAR 模型脉冲响应图：全球货币政策冲击

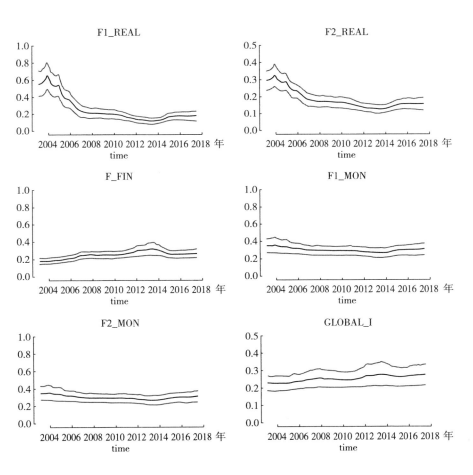

图 E.1 各变量的变动及后验波动率

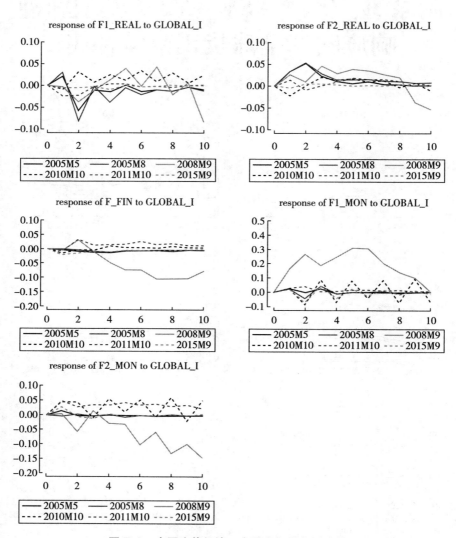

图 E. 2　中国实体经济、金融市场和货币政策

对全球货币政策因子冲击的脉冲响应结果

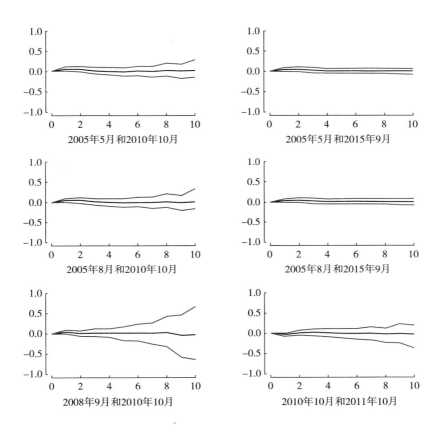

图 E.3 不同时点全球货币政策因子对中国物价因子影响的差异

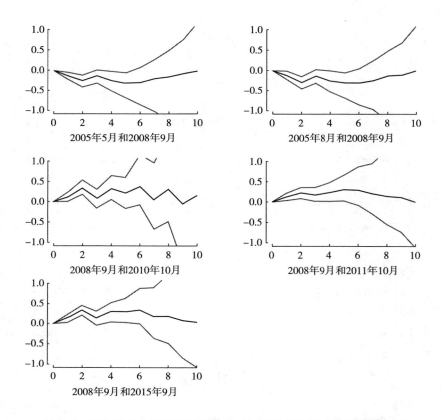

图 E.4　不同时点全球货币政策因子对中国利率政策因子影响的差异

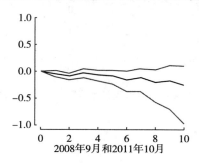

图 E.5　不同时点全球货币政策因子对中国数量型货币政策因子影响的差异

附录 F TVP – SV – VAR 模型脉冲响应图：全球风险因子冲击

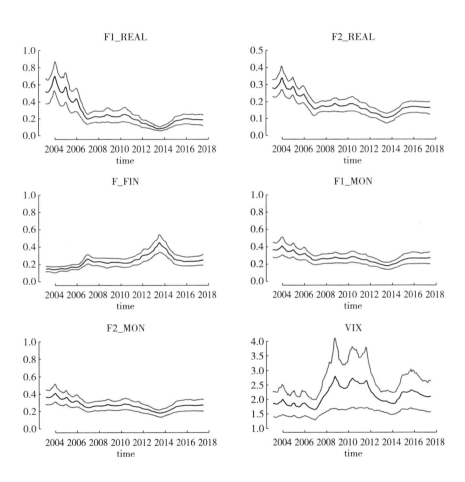

图 F.1 各变量的变动及后验波动率

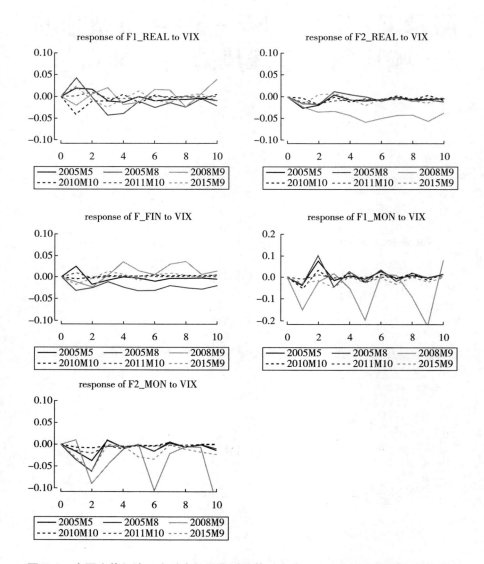

图 F. 2　中国实体经济、金融市场和货币政策对全球风险因子冲击的脉冲响应结果

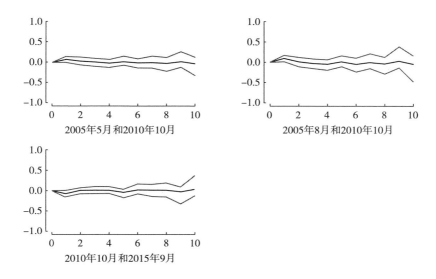

图 F.3　不同时点全球风险因子对中国产出因子影响的差异

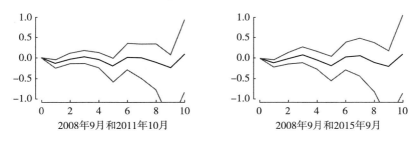

图 F.4　不同时点全球风险因子对中国利率政策因子影响的差异

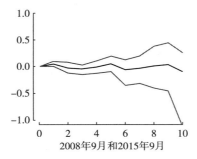

图 F.5　不同时点全球风险因子对中国数量型货币政策因子影响的差异

后　记

2012 年，在金色的九月，我从水天一色的赣江小城来到五彩斑斓的北京，从一名工科男转变成经济学研究生。初学经济学，充满着求知欲，也有着些许担忧。毕竟，对于经济学而言，我是"半路出家"。所幸，求学路上遇到诸多良师益友，他们的教导和鼓励让我完成从一张白纸到把经济学的理论和方法勾勒清晰的转变。

追随导师的研究方向，汇率制度和货币政策是我最初接触的研究领域。针对这两个研究主题，我都写过学术论文并得以发表。最初，我对汇率制度的研究角度是从汇率波动来判断汇率制度的类型。对于货币政策，我是从货币供应与物价水平的关系着手进行研究。已有理论中汇率制度和货币政策具有密不可分的关系。最具有代表性的理论是不可能三角假说。不可能三角假说指开放经济体中固定汇率制、资本自由流动和货币政策独立性三者不可兼得，一国最多只能实现三个目标中的两个。在资本自由流动的状态下，固定汇率制度会使一国货币政策丧失独立性，而在浮动汇率制度下，一国货币政策的独立性得以保证。但是，Hélène Rey 教授认为在存在资本自由流动的情况下，浮动汇率制无法保证货币政策的独立性。由此可见，已有研究在汇率制度选择对货币政策独立性的影响方面存在分歧，该主题值得进一步深入研究。

从现实角度来看，中国是一个经济大国，中国货币政策应该主要考虑国内经济形势，而不应过度受制于外部经济和跨境资本流动。当前，国内外经济形势变得愈加复杂，货币政策的使命更加多样化。货币政策不仅要发挥总量政策的效用，同时要积极发挥引导结构调整优化的作用，保证货币政策的有效性和精准性。同时，中国参与全球化的程度不断提高，汇率制度改革和资本账户自由化的进程在不断推进，因而厘清汇率制度选择对中国货币政策独立性的影响显得极为重要。

在认真梳理人民币汇率制度和中国货币政策变化的过程中，我发现过去二十多年，人民币在很长时期内都盯住美元，而中国的货币政策却没有一直与美联储的货币政策保持同步。这其中有一个重要原因是中国存在资本管制。但是，很多研究表明，在存在资本管制的情况下，资本依然可以有很多方式流入流出，关于我国"热钱"涌入和资本外逃的讨论未曾间断。因而，除了资本管制外，中国货币政策能独立于美国货币政策应该另有原因。探究中国货币政策能保持独立性的奥秘激发了我极大的研究兴趣。在导师的指导下，我的博士论文选题就定为汇率制度选择对中国货币政策独立性的影响研究。

博士毕业后，我供职于中国农业银行。前两年，我作为总行委培生在北京丰台支行进行基层锻炼。基层工作与学术研究内容悬殊，最开始我感到有些迷茫，觉得自己所学的专业知识并无用武之地。后来，我轮换了多个工作岗位，学习到很多银行业务知识，接触到大量微观经济主体并了解到他们的"经济思维"。我逐渐体会到工作的价值。金融机构的工作让我在实际工作中直接感受经济运行规律，实实在在地接触到大量个人投资者和小微企业，帮助我更好地理解政府决策机构、金融机构、企业和个人的经济行为。长期以来，经济学理论与现实存在差距始终是一个无法回避的问题。对我而言，在金融机构的工作正是理论联系现实的最佳桥梁。我相信基层工作经历是绝佳的沉淀，在未来会变成令人陶醉的佳酿。

当前，我国金融机构发放贷款利率是以贷款市场报价利率（LPR）为定价基准加减点形成。2020年1月以来，由于受到新冠肺炎疫情影响，中国经济出现负增长，企业经营受到很大冲击。在此背景下，2020年1月至5月，1年期LPR出现两次下降，从4.15%变为3.85%。货币政策的调整方向和传导效应都适宜于当前中国经济形势。这印证了本书的一个研究结论：中国货币政策是具有一定独立性的，中国货币政策可以根据国内经济形势和微观经济主体面临的问题进行调整，从而促进国内经济发展。

本书的主体内容来源于我的博士毕业论文。在博士论文写作过程中我得到了很多良师益友的帮助。对我帮助最大的是恩师李婧老师。李老师是我硕士和博士期间的导师。在我眼里，李老师是学术上的牛人，生活中的诗人，学生们的亲人。她把每个学生都当成可以发掘的宝藏。在她的指导下，我开始系统学习经济学的理论和研究方法，研究重点主要是货币政策和汇率制度，这为我博士学位论文《汇率制度选择对中国货币政策独立性的影响研究》的写作打下了坚实基础。我完成第一篇经济学论文《中国货币供应力摩擦效应的实证研究》后，怀着十分忐忑的心情交给李老师，出人意料的是李老师给予了极高的评价，认为我很好地结合了经济学和物理学的理念。这对于经济学初学者来说是一种莫大的鼓励，坚定了我要读博的信念。学业上的每一分进步，都离不开老师倾注的心血。硕博六年期间，老师对于我的每一篇习作都耐心指导，数不清的邮件往来和打印讨论稿，李老师即便是在斯坦福大学访学期间，依然会耐心仔细地和我讨论论文。我们一起合作写的论文经过一遍遍打磨，最终都成稿得以发表。在博士论文写作过程中，她一直和我讨论对货币政策独立性和恰当选择汇率制度的理解，无数次阅读我的过程稿，向我提出宝贵的修改意见。在论文修改过程中，她对我说，论文要脚踏实地，有坚实的理论基础，又要紧密联系现实经济情况，要敢于创新，清楚认识现实经济和经济学理论的内在关系。这激励我在博士论文中构建了一个分析汇率制度和货币政策独立性的理论分析框架，考虑在经济全球化背景下，一个中心国家如何影响一个外围国家的经济决策。2017 年 9 月，在我留学回国的第二天，李老师参加了 Hélène Rey 在北大举办的关于金融周期和货币政策独立性的讲座，并及时和我分享。在我完成论文初稿后李老师组织了小型研讨会，她专门请中国社会科学院的刘霞辉老师对我的论文进行指导。她推荐我参加各种形式的学术交流，为我提供多样化的学习机会，利用每一个机会亲近学术，并分享学术体会。2017 年 11 月，我和李老师参加了中国社会科学院世界经济与政治研究所余永定老师师门研讨会，会上我简单讲解了毕业论文并表达了我的困惑，余永定老师对此进行了评价，并分享了他对中国货币政策独立性的认识。在李老师的教学和研究中，她经常强调做研究要有一种情怀"苦着别人的苦，乐着别人的乐"。李老师不但在学业上给予我悉心指导，而且生活上给予我母亲般的关爱。毕业后，她依然时常关心我的工作和生活，在我遇到困难时给予我鼓励。她对我的博士论文寄予了深厚的期望，希望论文的思想能够广泛传播。本书是在她的大力支持和鼓励下才得以出版。师恩永难忘，感谢我的好老师。

还要衷心感谢首都经济贸易大学可敬又可爱的老师们，他们始终践行和传承着"崇德尚能，经世济民"的理念，在学术和为人上为首经贸学子作出了最好的表率。在校学习的五年中，许多老师在学业上给予我无私的指导和帮助，对我的论文写作提出了宝贵的建议，特别感谢张连城老师、周明生老师、郎丽华老师、王少国老师、王军老师、杨春学老师、左大培老师、马方方老师、周华老师、王利老师、胡晖老师、廖明球老师、徐雪老师、杜军老师、张贝贝老师、游宇老师、郝宇彪老师和陈建先老师。

读博期间，为开阔视野，提升科研能力，我曾去往多个学术机构求学。2015 年暑假，我在导师推荐下被选拔到上海财经大学学习"三高"，其间，得到了罗大庆老师和陶佶老师的教导。2016 年 9 月至 2017 年 9 月，我在加拿大滑铁卢大学和加拿大国际治理创新中心（CIGI）学习了一年。由衷地感谢我的国外导师王红缨教授。王老师阳光善良、学识渊博、思维开阔。在国外学习期间，王老师对我照顾有加。在学习上，她悉心指导我的学术研究，对我的毕业论文提出了建设性意见，让论文内容更加聚焦和贴切研究主题；在生活上，她帮助我熟悉国外的生活环境，时常邀请我去她家中做客，让我在异乡感受到家的温暖。还要感谢我在 CIGI 的合作者 Pierre Siklos 和 Domenico Lombardi。Siklos 教授在货币政策研究领域给予我大量指导，并对我的博士论文提出诸多实用建议，论文采用的时变参数向量自回归模型便得到他的悉心指导。Domenico 曾担任世界银行和国际货币基金组织的执行董事，他结全球宏观经济有着深刻的理解，感谢他对我研究工作的支持和帮助。

通过学术会议和交流，我认识了很多非常优秀的师友，他们是我学术道路上的榜样。衷心感谢中国社会科学院的徐奇渊老师在学习和生活上给予我的关心。徐老师儒雅博学。我曾多次和徐老师交流学术问题，他总是非常热心地为我答疑解惑。徐老师对研究充满热情，每次交流讨论时，他总是毫无保留地与我分享他的见解，徐老师一直是我学习的榜样。我出国学习的机会，得益于徐老师对我的大力引荐。特别感谢才气过人的张明老师对我博士论文的指导。在出国前，我曾有幸和张老师一起讨论论文，他与我共同梳理了文章的脉络框架，让我受益匪浅。出国学习期间，我们保持联系，交流综述部分的观点。特别感谢学识渊博的刘霞辉老师对我博士论文初稿提出的宝贵建议。在论文将成未成之时，我遇到了瓶颈，刘老师对我提出的建议，让我豁然开朗，最终得以顺利成稿。还要感谢刘力臻老师、刘洪钟老师、张斌老师、孙杰老师、潘英丽老师、丁一兵老师、杨攻研老师对我研究工作提供的支持和帮助。

非常感谢答辩委员刘霞辉研究员、张连城教授、杨春学教授、李军林教授、袁富华研究员以及匿名评审专家对我毕业论文提出的修改建议。诸多老师无私的帮助让我得以理解论文的真正使命，做到逻辑严整。

求学路上，我遇到很多志同道合的朋友，我和他们一起在学校挑灯夜读，一起在操场挥洒汗水，一起奔向远方。在略显单调的学习和科研生活中，正是有他们的陪伴生活才显得丰富多彩。感谢我的博士同学和好友焦晓松、刘鹏、王岩、朱志胜、刘晖、李欣先、高辰颖、杨琳、王帅、赵袁军、陈喜文、白建磊、李水军、宋孜宇、刘天琦、刘登森、王聪，我的硕士同学和好友潘恩阳、刘旭、李昌键、陈文翔、丁海云、王建豪、刘小畅，我的本科同学和好友于健、程露泉、白韬韬、李泽龙、于务云、李金凯、谢呈志、张炯亮和吴文韬。师门同学为我的科研工作提供了大量帮助，感谢宁心源、邢荷生、郭晓允、张彩琴、吴远远、许晨辰、高明宇、华丽、刘丽敏、刘瑶、赵啟麟、李玉明和伊楠。在国外学习期间，我认识了很多好友，他们对我的帮助和支持一直让我非常感激，和他们在一起交流既有收获也有快乐，感谢付林、朱黎明、刘双、尚进、董老板、游泽厚、梅姑娘、袁仪、陶南颖、俞涵之、Anthony、Anton、Melsen、Joey、Nic、Idris、Ana 和 John。

自从上大学以后，每年与父母团聚的时间屈指可数。记得母亲曾经有一次很认真地回忆说："你去上大学的时候，身高不到一米四，连上火车都费劲。我们心里真的很担心你吃不好、睡不好。"母亲的话让我放声大笑。刚上大学那会，虽然我的身高不算突出，但也早已超过一米六。笑过以后，我意识到在父母的眼里，我始终是一个没有长大的孩子，即使我已经长成一个可以照顾他们的男子汉。父母是我永远的依靠和牵挂，感谢父母对我无微不至的关爱和求学之路的支持。父母的呵护让我逐渐成长起来，能够微笑面对各种挑战，父母无限的理解和支持让我得以无忧无虑地在校园里学习，让我得以不断前进。

当这些名字呈现眼前时，我仍然觉得我遗漏了生命中重要的一位。落笔之时，眼前浮现着过往美好的回忆，挥毫向前，在经济学的研究道路上，虽然我还是一个"小白"，但顿时感觉自己如此富有。衷心感谢所有的亲人、老师、同学和朋友，是他们让我拥有了这么美好的青春时代。

2020 年，不平凡的一年，在本书成稿之前，李老师再一次进行了全面审校，并和我进行了多次讨论。感谢北京市长城学者培养计划的资助，让论文的思想有机会和更多的读者见面，我们期待交流、批评和指正。

解祥优

2020 年 6 月 7 日